Marie-Laure Wieacker-Wolff

Mit Kindern philosophieren

HERDER spektrum
Band 5061

Das Buch

Mit Kindern zu philosophieren ist eines der spannendsten Abenteuer für Eltern – und Kinder. Den Eltern kommt bei diesem Prozess eine entscheidende Rolle zu: Als primäre Ansprechpartner ihres Kindes haben sie die Möglichkeit, es auf dem Weg zu den Geheimnissen und Rätseln dieser Welt und zur eigenen Identität zu begleiten und zu unterstützen. Die Autorin möchte die Eltern sensibel machen für die Gesprächsanlässe und ihnen Hilfen an die Hand geben, wie sie in solchen Situationen mit den Kindern in Beziehung und in ein gutes Gespräch kommen können. An vielen Fallbeispielen werden konkrete Gesprächssequenzen eingeblendet. Ebenso einfühlsam wie umfassend führt die Autorin vor, wie Kinder auf ihre Art und Weise „philosophisch" denken und fragen. Die Eltern sind eingeladen, ihren Kindern ernsthafte und vertrauensvolle Partner zu sein. Die Erfahrung lehrt, dass Kinder, die solcherart dazu ermutigt werden, den Dingen auf den Grund zu gehen, es einfacher haben, stabile und selbstbewusste Persönlichkeiten zu werden.

Die Autorin

Marie-Laure Wieacker-Wolff, geb. 1948 in Chartre (Frankreich). Mutter Französin, Vater deutsch. Aufgewachsen in Marokko. Studium der Philosophie, Germanistik und Romanistik in Göttingen und Freiburg. Lehrtätigkeit an der Universität Genf. Heute in der Lehrerfortbildung und in der Erwachsenenbildung tätig. Vier z. T. erwachsene Kinder. Lebt in Freiburg.

Marie-Laure Wieacker-Wolff

Mit Kindern philosophieren

Staunen – Fragen – Nachdenken

HERDER

FREIBURG · BASEL · WIEN

Originalausgabe

Gedruckt auf umweltfreundlichem,
chlorfrei gebleichtem Papier

www.herder.de
Satz: Rudolf Kempf, Emmendingen
Herstellung: fgb · freiburger graphische betriebe 2002
www.fgb.de
Umschlaggestaltung und Konzeption:
R·M·E München / Roland Eschlbeck, Liana Tuchel
Umschlagmotiv: © Premium
ISBN 3-451-05061-7

Inhalt

Meinen lieben Kindern
Emanuelle, Sebastian, Viviane und Ariane

Einleitung

Ist nicht jedes Kind ein „kleiner Prinz", der nach einer langen Reise – durch welche Welten? durch welche Zeiten? – auf unserem Planeten erscheint, in unser Leben sanft und mächtig eintritt und seinen fragenden, staunenden und doch sicheren Blick auf uns ruhen lässt?

Erinnern Sie sich an Saint-Exupérys Werk „Der kleine Prinz"? Wie könnte der kleine Prinz in Vergessenheit geraten, heute, da er überall, auf Bechern, Tagebüchern, Kleidungsstücken, auf Bleistiften und sogar auf Geldscheinen anwesend ist? Ob Saint-Exupéry sich über diese Art von Erinnerung gefreut hätte? Wahrscheinlich nicht! Doch, Sie erinnern sich. Die Lektüre des „Kleinen Prinzen" liegt vielleicht lange zurück; unsere Kindheit auch – doch allein dieser lange Weg zur eigenen Kindheit führt uns zur Welt des Kindes. Nein, es war ein anderer kleiner Prinz, nicht der kleine Prinz der Plastiktüten: Es gab da ein Kind, eine kindliche Gestalt, die mitten in der Wüste einem sehr beschäftigten Mann erschienen war, einem Piloten, Saint-Exupéry, dem Autor. Nach einem Flugzeugunfall in der Wüste Marokkos (Saint-Exupéry war damals der Überbringer der Luftpost, der „Aeropostale", und ein begeisterter Flieger) befindet sich der Autor an dem entlegensten Ort der marokkanischen Wüste und ist mit der Reparatur seines Motors beschäftigt; Wasser hat er kaum noch: In der Wüste bedeutet dies den Tod. Er ist also mit ernsten Dingen beschäftigt, mit todernsten Dingen – so wie alle Erwachsenen. Da erscheint ihm plötzlich „un petit bonhomme tout à fait extraordinaire" – ein ganz außergewöhnliches „Männlein", un petit bonhomme –, das französische Wort ist kaum übersetzbar: Ein „petit bonhomme" ist klein natürlich, doch schon ein Mann, also reif und seiner selbst sicher. Und da fängt das Abenteuer an: Saint-Exupéry muss den kleinen Prinzen auf seinem Weg des Fragens und Suchens begleiten, denn solche „petits bonhommes" sind sich in einem ziemlich sicher: Sie sind auf dem Wege des Fragens und Suchens und dieses duldet kein Aufschieben.

Sie haben es natürlich erkannt: Saint-Exupéry beschreibt in seiner Erzählung „unsere" Situation, die der Eltern und Erzieher, denen immer ein „kleiner Prinz" in der Wüste begegnet, ein Kind, das sie an die Hand nimmt, damit sie es auf seinem Weg des Suchens und Fragens begleiten, ein Kind und vor allem „das eigene Kind" – denn darum geht es in unserem Buch: um das „Philosophieren mit Kindern, mit den eigenen Kindern", und Philosophieren ist immer Dialogisieren (vom griechischen „dia-" = durch, also durch etwas gehen, „gehen", ganz einfach – hat nicht Aristoteles mit seinen Schülern wandernd philosophiert?). Wir werden uns hier gemeinsam auf den Weg machen, uns an die Hand nehmen lassen, uns in die Wüste entführen lassen . . .

Die Begegnung mit dem Kleinen Prinzen findet nicht nur in der Wüste statt: Das Werk enstand unter der Sonne Nord-Afrikas; es wurde in einem Café in Casablanca geschrieben. Für die Wüstenkinder wurde es geschrieben – es wurde sogar in die Tuareg-Sprache übersetzt. Doch sind wir, in Europa, nicht auch Wüstenkinder, verloren in einer Unendlichkeit, in einer Wüste, die wir mit uns tragen – wir vergessen es oft. Die Kinder – unsere Kinder – erinnern uns daran, dieses Buch sollte uns auch daran erinnern. In dieser Wüste suchen wir die Oase und ahnen, dass sie im Herzen der Kinder ist, dieser „kleinen Prinzen", im Besitz eines wunderbaren Reiches, eines Reiches, das nur in der Wüste leuchtet wie die Oasen dieser Wüsten. Diese Welt der Kinder, geheimnisvoll, faszinierend, die wir im Leuchten ihrer Augen erstrahlen sehen: Ist es nicht das gerade, was uns so sehr in seinen Bann zieht, dass wir ihnen folgen auf ihrer Suche nach Erkenntnis, nach Erkenntnis des Wesentlichen.

Wie Saint-Exupéry es gewünscht hat („Ich bitte euch, vergesst nicht den kleinen Prinzen!", und er gibt uns alle Erkenntnismerkmale, damit wir ihn auch wirklich erkennen können), wollen wir uns an den kleinen Prinzen erinnern, d. h. ihn auch da sehen, wo er erscheint, nämlich in jedem Kinde.

Natürlich hat ein Prinz ein Reich; um dieses Reich geht es, ein Reich sozusagen ortlos und zeitlos, ein Reich der Ideen und der Visionen, das das Kind immer wieder bereit ist umzuordnen, neu zu überdenken, das dennoch realistisch ist, gebunden an die Gegebenheiten seiner Wirklichkeit. Ein Reich also, das tatsächlich mit einer Oase zu vergleichen ist: fest und unerschütterlich wie sie (eine Oase empfängt alle Gäste) und doch fast flüchtig (die Bewegungen des Sandes lassen immer wieder neue Formen erkennen; „L'Enfant de sable" – Kind des Sandes: so der Titel eines marokkanischen Romans; das Kind ist bereit, ewig neue Formen zu denken).

So möchte dieser Text Mut geben, damit wir uns einfach an die Hand nehmen und in die Wüste entführen lassen. Doch was bedeutet die Wüste? Sie ist ein Ort der Neutralität, unser gemeinsamer Boden, wo Kinder und Erwachsene sich in der gemeinsamen Kindheit treffen können. Ein Ort der Nicht-Unterscheidung, doch nicht im Sinne der Gleichheit, sondern in dem Sinne, dass im „Kleinen Prinzen" z. B. beide, der Autor und das Kind, ihren jeweiligen singulären Platz haben und darum von dort aus ein philosophisches Gespräch möglich ist. Die Wüste kann ein gemeinsamer Ort sein, da sie frei ist von Ballast (dem Ballast der vorgefassten Meinungen): Mit Ballast kann man in der Wüste nicht bestehen. In der Wüste fängt man bei Null an, so wie beim philosophischen Gespräch mit Kindern. Es ist also der Ort der Armut, der Nacktheit, wie Albert Camus es immer wieder beschrieben hat. In diese Wüste wollen wir zurück; in die Wüste des Kindes und in unsere eigene.

Die Wüste ist aber auch der Ort des Reichtums, denn in der Wüste gibt es immer eine Oase, die Oase, die wir im Blick der Kinder ahnen. Ein Kind schaut uns an. Wir kennen diese Blicke, tief, erwartungsvoll, seltsam ruhig und doch voller Spannung, Blicke, die Fragen sind und seltsamerweise gleichzeitig Wissen. Fragen, die immer aufs Ganze zielen, wie z. B. wenn der kleine Prinz sich fragt, ob Schafe Blumen fressen, doch nur deshalb, weil er sich um seine Blume sorgt (es geht um Leben und Tod!). Mit dieser Oase werden wir uns in diesem Buch beschäftigen, einer ernsten Beschäftigung, doch auch so fröhlich wie das helle Lachen des kleinen Prinzen. Wir werden auch erkennen, dass beim Philosophieren mit den eigenen Kindern dieses Beieinander von Wüste und Oase immer gegeben ist und dies in der Kontinuität des ganzen Lebens, denn der philosophische Dialog hört nie auf. Dies Buch möchte anregen und ermutigen, in dieser Wüste zu verweilen, um dort eine gemeinsame Oase entstehen zu lassen. Denn Wüste ist Anfang, und hat nicht Rilke gesagt: „Und jedem Anfang wohnt ein Zauber inne."

„Kindheit" bedeutet tatsächlich Anfang – Anfang auf unserem Planet. Hannah Arendt bezeichnet Kinder als „Neu-Ankömmlinge auf der Welt", also Fremde, „Immigrierte", die in unsere Gebräuche, Konventionen und Regeln, kurz in die „Welt der Erwachsenen" eingeführt werden müssen. Kennen wir nicht dieses Gefühl der Fremdheit dem eigenen Kind gegenüber – ein Gefühl, das sich vielleicht im Augenblick vor der Geburt kundtut . . .

Es ist spät abends . . . eine seltsame Stille in der Wohnung, und es ist, als würde man bald in einen Tempel eintreten . . . Die Geburt des ersten Kindes naht . . . Dieser Moment wird allen Eltern unvergesslich bleiben. Schon da findet das Gespräch statt mit dem eigenen Kind, mit dem „anderen", das sowohl fremd wie auch faszinierend ist . . . Die Mutter hat sich vorbereitet auf den Gast, der natürlich kein Gast ist; sie schaut sich um, schaut auf die Gegenstände um sie herum, alles so vertraut, jetzt plötzlich so eigenartig fremd. Sich widersprechende Gefühle bemächtigen sich ihrer: Freude, Angst, Verwirrung – auch schämt sie sich ob dieser negativen Gefühle –, Klarheit, Ruhe. Sie weiß es: Es wird nie mehr wie früher sein.

Doch sie spürt wie in einer Vision – und gleichzeitig als klares Erkennen: Jedes dieser Gefühle ist wichtig und hat seinen eigenen Platz in einem festen Gefüge, wie das Fremde ohne das andere Ich unmöglich ist.

Und wie alles Fremde müssen Kinder besonders behutsam, mit Verstand und Liebe empfangen werden, denn ihr Ort ist ein anderer – der von vor der Geburt oder ein anderer? Ein Ort, ganz nah – im Innersten der Mutter und doch ein uns unbekannter Ort, ein geheimnisvoller Ort. Das Kind scheint sich schnell zu adaptieren, und doch lebt dieser Ort noch in ihm und drückt sich aus in diesem fast unbezwingbaren Drang zu fragen und zu erkennen.

Doch das Fremdartige ist auch das Vertraute in diesem Falle, denn Kindsein ist der Anfang jedes Lebensweges und das Kind, vor allem das eigene Kind, erinnert uns an „unseren" Anfang, gibt uns die Möglichkeit, diesen Anfang noch einmal durchzuleben.

Dennoch bleibt das Fremdartige hier Faszination, Geheimnis, als würde man nun in der Begegnung mit dem Kind seinem eigenen kindlichen Sein mit Staunen begegnen, jedoch in einer ganz anderen Vision, in der verschiedene Aspekte zusammentreffen:

- Reflexion, die das kindliche Fragen mit Distanz betrachtet,
- Faszination: diese Welt war doch schon so lange vor uns! ein vergessener Schatz
- und zum ersten Mal das tiefe Verstehen der eigenen Fragen als Kind und der eigenen Versuche, Antworten zu geben.

Wenn das Philosophieren mit Kindern immer eine Begegnung des Erwachsenen mit sich selbst ist, so gilt es umso mehr beim Philosophieren mit den eigenen Kindern, das durch die Kontinuität gezeichnet ist: Wie die verschiedenen Garne eines Webstückes verflechten sich die Stränge des Kindes und der Eltern; das Gespräch entwickelt sich fortwährend bis zum Ende des Lebens.

Hier also das Bedürfnis nach Ganzheit, Abgeschlossenheit und das Verlangen nach Kontinuität, die natürlich allein die Eltern gewährleisten können, vorausgesetzt, sie sind diesen Weg schon früher in Ehrlichkeit gegangen.

Nun, wie soll diese philosophische Reise gehen? Bei einer Wüstendurchquerung begegnen uns keine Straßenschilder, die die Reise strukturieren könnten. Einheimische orientieren sich nachts nach den Sternen, so wie die „Heiligen drei Könige" (andere Sprachen nennen sie: die Weisen) dem Stern folgten auf ihrem Weg zur Krippe; sie sind die Wegweiser in der Nacht. Martin Bubers Konzept der Begegnung folgend können die Fragen der Kinder drei großen Themenkreisen zugeordnet werden, den folgenden drei großen Wegen der Begegnung – vielleicht ein Wegweiser auf unserer philosophischen Reise:

- der Begegnung mit dem Ich als der Ausgangspunkt für alles Philosophieren;
- der Begegnung mit der Welt;
- der Begegnung mit dem Übersinnlichen.

Wir werden hier diesem Weg folgen. Eine Reihenfolge, die allerdings nicht zwingend ist, die uns dennoch am ehesten der kindlichen Neigung zu entsprechen scheint. Es geht auch nicht um einen Lehrplan – den man mit den eigenen Kindern sowieso nie einhalten könnte. Es geht mehr um eine innere Haltung der Mutter oder des Vaters, die nicht zu unterschätzen ist, da sie das Handeln prägt, das Umgehen mit dem philosophischen Gespräch wesentlich beeinflusst.

An dieser Stelle ist eine Bemerkung wichtig. Es wird immer von der Mutter die Rede sein; natürlich nicht aus der Überzeugung heraus, allein Mütter könnten mit ihren eigenen Kindern philosophieren; es betrifft Väter selbstverständlich genauso. Jedoch ist diese Reflexion über das Philosophieren mit den eigenen Kindern die einer Mutter; sie beruht auf persönlicher Erfahrung, einer Erfahrung, die ihr philosophisches Wissen bereichert hat. Eine Reflexion, die zum alltäglichen Gespräch anregen möchte, einige Hilfestellungen anbieten will (es geht meistens nur um einen neuen Blickwinkel, ein aktives Wahrnehmen von Fragen und Situationen) für das Philosophieren mit den eigenen Kindern – und Enkelkindern, denn Großeltern haben oft noch mehr Zeit und eine so große Erfahrung für das Philosophieren am Küchentisch und in allen möglichen alltäglichen Situationen.

Und nun vertrauen wir den Blicken der Kinder: Sie sind unsere Wegweiser, diese Blicke voller Erwartung und Fragen, oft störend, da sie meist ungelegen kommen – wie z. B. im „Kleinen Prinzen". Umso störender als es scheinbar nicht um „große Fragen" geht, sondern um ganz präzise, konkrete Fragen. Werden wir hier nicht an Sokrates erinnert? Kinder scheinen wirklich das Wesentliche des Sokratischen Gesprächs zu kennen, diese Kunst, im Präzisen, Konkreten, das Abstrakte, Wesentliche anzusprechen und zu erfassen – mit unserer Hilfe!

1. „Mama, ich bin so glücklich, dass ich die Miriam bin!" Wer bin ich? Das Geheimnis des Ichs

1. „Mama, Mama, ich bin so glücklich, dass ich die Miriam bin!",

singt die kleine siebenjährige Miriam, hüpfend durch die große Diele der alten Wohnung. Sie singt oder psalmodiert sie nicht vielleicht in diesem Sing-Sang-Ton, den Kinder annehmen, wenn sie scheinbar beiläufig Wichtiges zu sagen versuchen? Sie spricht auch nicht jemanden an, erwartet keine Antwort, keine Reaktion auf dieses Heraussprudeln des Lebens, des Seins, auf diese Erkenntnis, aus der Fülle des Seins sich ergießend und von einem unaussprechlichen Gefühl des Glücks gekrönt.

Die Mutter ist im Türrahmen stehen geblieben, in der Hand die Wäsche zum Wegräumen (ein Stück Alltag), erstaunt, bewundernd, gerührt, ja seltsam gerührt. Das Kind hat die Mutter nicht bewusst wahrgenommen; sie WEISS nur, dass sie DA IST – und es genügt auch. Die Mutter ist da wie der Rahmen in Magrittes Bild „Die Rose": Ihre Anwesenheit macht es möglich, dass diese Erkenntnis – das Unheimliche des „Ich bin die Miriam", das Sich-bewusst-Werden der eigenen Individualität – überhaupt erträglich bleibt – im Rahmen bleibt.

Schon hier ist das bewusste Wahrnehmen der Situation durch die Mutter wichtig, das klare Einschätzen der Positionen von Mutter und Kind als die zwei Teilnehmer des philosophischen Gesprächs:

- ein Kind – das eigene Kind –, das eine Erkenntnis aus sich heraus hervorquellen lässt,

- die Mutter, die durch das liebevolle, verständliche Annehmen dieser Erkenntnis schon die Erkenntnis entstehen lässt.

Die Mutter sollte auch wissen, dass zwei Voraussetzungen wichtig sind als Grundlage des philosophischen Gesprächs:

- ihre Präsenz, nicht ihre Aktivität (die Alltagsaktivität wie hier das Wegräumen der Wäsche kann eher als ein Hintergrund betrachtet werden, der dem Kinde die nötige Ruhe gibt): sie ist nicht die Ursache der Erkenntnis; es ist nicht ihre Leistung, dass ihr Kind zu dieser Erkenntnis kam;
- das Verstehen dieser Aussage, um darin den Kern zu entdecken, der dann das philosophische Gespräch ermöglichen wird.

Wichtig ist auch das Annehmen und das Verstehen der Form dieser Erkenntnis: das Beiläufige für die Vermittlung von Wichtigem, denn Kinder haben die Fähigkeit, das Beiläufige und das Wichtige nebeneinander stehen zu lassen; dies macht aus ihnen Künstler, Seiltänzer, die zwischen Leichtigkeit und Ernsthaftigkeit balancieren. Wir Erwachsene drücken uns manchmal auch so aus: Etwas Wichtiges wird einfach nebensächlich referiert. Doch da spüren wir oft das Künstliche, Unechte bei dieser Vorgehensweise. Und so können wir oft schwer mit dieser Verhaltensweise der Kinder umgehen und meinen, das Kind dazu ermahnen zu müssen, endlich „ernst" zu sein, sich zu „konzentrieren", wobei das Kind viel konzentrierter ist als wir es vermuten. So wäre die Grundlage eines gelingenden Gesprächs mit Kindern:

- dem Kind auf jeden Fall das Zusammenwirken von Spiel und Ernst zu lassen: Dies allein lässt es froh und zuversichtlich auf den Pfaden gefährlicher Gedankenreisen wandern. Für Nietzsche gilt es übrigens auch für den Erwachsenen: er sagt: „Die Reife des Mannes, das ist den Ernst wiedergefunden haben, den man als Kind hatte beim Spielen."

Nachdem nun der „Boden“ für das Gespräch vorbereitet ist, stehen wir vor Miriams Erkenntnis: „Ich bin die Miriam.“ Was ist damit gemeint? Mehrere Möglichkeiten breiten sich vor uns aus:

- Geht es hier um das Sein? Ist Miriam glücklich, weil sie „ist“, weil sie sich bewegen kann
- oder weil „sie“ ist? Weil es um ihr Sein geht, um diese Art des Seins, ihre ganz eigene Art?
- Oder schließlich, weil sie „die Miriam“ ist?

Drei verschiedene Akzente, die auf dieser Aussage liegen. Jeder von ihnen kann der Ausgangspunkt eines eigenen Gesprächs werden. Instinktiv spürt die Mutter, dass die dritte Möglichkeit der Aussage des Kindes entspricht und sie fährt dann so fort:

- *„Ja, du bist die Miriam, meine kleine Miriam!“*
- *„Ich bin die Miriam und keine andere, nicht die Ulrike und auch nicht die Steffi!“*
- *„Ist es nicht so gut, die Steffi zu sein?“*
- *„Ich bin einfach die Miriam!“*

2. Ich bin nicht der andere

„Ich“ bin nicht der „Andere“; ich bin, indem ich nicht der Andere bin. Die Aussage erfasst genau auf einmal, in einer Vision und in seiner Ganzheit die Ichheit in der Trennung vom Anderen.

Das Erleben des Ichs in seiner Trennung von den Anderen beinhaltet beim Kind kein Werturteil (fast fühlte sich das Kind gestört durch die Bemerkung der Mutter, ob Steffi-Sein besser sei). Wenn ein Kind sich wünscht, die große oder die kleine Schwester zu sein, dann um zusätzliche Eigenschaften zu besitzen (größer, kleiner, mit anderen damit verbundenen Vorteilen), nicht um ein anderer zu sein. Es liegt eine große Kraft in dem Wissen um das eigene Ich, dessen Wesen darin liegt, dass es nicht der Andere ist, in dem Wissen um seine Einmaligkeit, Unversehrtheit, Einsamkeit. Wissen ist hier schon Kraft. Wie bei den Kindern ist bei den „großen" Philosophen, diese Erkenntnis nie die Frucht eines langen sich entwickelnden Denkprozesses, sondern meistens das Geschenk einer Intuition, einer Vision – und daran erinnert uns diese ruhige, leuchtende, beglückende Erfahrung des Kindes, das fähig ist zu sagen: „Ich bin so froh, dass ich die Miriam bin!"

Alle philosophischen Reisen haben mit einer Intuition angefangen oder einer Vision:

Sokrates (469–399 v.Chr.) auf seiner Suche nach dem ersten Grund entdeckte nach seinem Besuch bei dem Orakel von Delphi, er sei schließlich ein Nicht-Wissender und darin beschränke sich sein Wissen. Oder Descartes (1596–1650), nachdem er alle überhaupt anzuzweifelnden Annahmen von sich gewiesen hat, schließlich nur noch die eine einzige Gewissheit gelten lassen kann: Ich zweifle, (also) denke ich, (also) bin ich. Wenn ein Kind eine solche Aussage macht wie: „Ich bin so froh, dass ich die Miriam bin", dann ist der Satz „Ich bin die Miriam" eine „idée claire et distincte" („klare und deutliche Gedanken") wie Descartes sie versteht. Es geht hier mehr um das „Schauen" eines Gedankens.

Und schließlich denkt man an M. Bubers Gedanken:

„Ich sein und Ich sprechen sind eins. Ich sprechen und eins der Grundworte sprechen sind eins."

Das Magische dieses philosophischen Gedankens, dass das Sprechen von etwas die Sache setzt, wird vom Kinde sofort gelebt; es ist Wirklichkeit. Darin besteht die wahre Kreativität der Kinder und nicht in einer „romantischen" Vorstellung von der Kreativität der Kinder als reine Spontaneität, Regellosigkeit. Miriam muss den Satz aussprechen: Ich bin die Miriam. Dadurch entsteht ihr Ich.

Das „Ich", das ist auch der Name, der Vorname, der für das Kind eine besondere Bedeutung haben kann. Vielleicht wurde dem Kind die mit dem Namen verbundenen Geschichte erzählt, wie z. B. die Geschichte der Ariadne und des Labyrinths einem kleinen Mädchen mit dem Namen „Ariane", die sich sehr intensiv mit dem Thema beschäftigte und dies in einem Bild erzählte.

Kinder sind fasziniert von dem Vornamen und es lohnt sich, mit ihnen darüber zu sprechen: die Geschichte des Namens, sein Ursprung, vielleicht auch, wie es zur Wahl dieses Namens kam. Es eröffnet nicht nur eine neue Perspektive über ihr eigenes Ich – das darf natürlich nicht als Fixierung verstanden werden: So bin ich und nicht anders. Es zeigt auch dem Kind, dass Wörter eine Geschichte haben, ein Wesen.

3. „Immer bin ich eins ... "
Die „Einsamkeit" des Ichs

Wird das Ich in Freude und Glück erlebt, so ist das Erkennen und Wahrnehmen des Ichs auch oft von Schwermut und „Trauer" begleitet – einer besonderen Trauer, die mit der Wahrnehmung der Existenz verbunden ist.

An diesem Abend sitzt die kleine Miriam in ihrem Zimmer, umgeben von all den Dingen, die sie gerne hat: die Kinderbücher, Spielsachen, Spieltiere, und vor allem die zwei lieben Meerschweinchen, die sie so sehr lieb hat, denen sie alles anvertraut und die auch alles „verstehen". Es ist abends, ein Abend wie jeder andere – nach dem Abendessen, wenn jeder sich zu seinen letzten Beschäftigungen begibt vor dem Schlafengehen. Sie sitzt auf dem Boden, sehr nachdenklich, ihre zwei Meerschweinchen auf dem Schoß, zufrieden fiepsend. Sie schaut nachdenklich und etwas traurig. Verwundert schaut die Mutter zu ihr, sich sorgend – wie alle Mütter wünscht sie sich, dass ihr Kind immer glücklich ist. Die Kleine hat doch alles, was sie braucht, denkt sie sich und sagt dann:

- *„Miriam, was ist denn los? Du schaust so traurig; fehlt dir etwas?"*
- *„Abends bin ich immer traurig", sagt Miriam.*
- *Immer? Die Mutter ist ganz erschrocken. Sie ist doch immer da für ihr Kind. Sicher sie hat wohl „gelesen" und gelernt, dass Eltern nicht allmächtig sind usw. Doch im Gespräch mit einem Kind fängt man immer bei Null an.*

Das Kind lässt sich nicht stören. Kinder sind immer sehr ernst bei dem, was sie beschäftigt, lassen sich nicht ablenken. Sie streichelt weiter ihre Meerschweinchen oder macht irgendetwas mit ihnen – sie ist bei ihnen und doch nicht ganz dabei. Denkt sie nach? Ist sie in ihren Gefühlen verloren? Vielleicht alles zusammen. Sie scheint jedenfalls nicht völlig hier im Zimmer zu sein, sondern wie auf einer anderen Seinsebene. Der Mutter ist es unheimlich und doch umgibt sie eine große Ruhe.

Dann fährt sie noch schell fort:

– *„Aber du hast doch deine Mama und deinen Papa und deine Geschwister, Peanut und Rudi (die Meerschweinchen), und . . .“*

und eigentlich spürt die Mutter, dass dies nicht das Wesentliche trifft, und . . .

– *„aber ich bin doch allein; ich bin immer nur ‚eins‘, nie ‚zwei‘“, und sie füttert ganz ruhig ihre Meerschweinchen weiter . . .*

Wenn der zeitgenössische französische Philosoph Emmanuel Lévinas von der „ontologischen Einsamkeit des Ichs" spricht, dann meint er genau das, was die kleine Miriam so treffend beschrieben hat: das Eins-Sein, das die Individualität konstituiert – ein Eins-Sein, das im Sein begründet ist (darum „ontologisch") und darum auch jedes Zwei-Sein (im ontologischen Sinne) ausschließt.

Wie bei Saint-Exupéry im „Kleinen Prinzen" ist hier nur Schweigen angebracht, denn „Es ist so geheimnisvoll . . . das Land der Tränen".

Doch die Fortsetzung des Gesprächs allein kann dem Kinde helfen, diese „Einsamkeit" zu tragen und zu leben – darin besteht eine Funktion des „Philosophierens mit Kindern". Und so fährt die Mutter fort:

– *„Siehst du, mir geht es auch so. Jeder Mensch ist ‚einsam‘, weil jeder ganz für sich ist und nicht eins ist mit dem anderen – auch wenn man sich lieb hat. Wir beide haben uns lieb und wir sind doch jede ‚eins‘. Doch das ist auch schön: Wir wissen beide, dass wir ‚eins‘ sind und können uns davon erzählen; das ist unser Zusammensein im Allein-Sein.“*

Ein wunderschönes Leuchten breitet sich über das Gesicht der kleinen Miriam und über das Gesicht der Mutter: Gemeinsam sind sie doch einen langen abenteuerlichen Weg gegangen.

4. „Ich bin immer zwei“ („Immer einmal eins – das gibt auf die Dauer zwei!“, so Nietzsche)

Doch gibt es eine Form von „Zwei -Sein“, die den Kindern auch bekannt ist: die Aufteilung des Ichs in „Ich“ und „Mich“ – wie Nietzsche (1844–1900) es in dem obigen Zitat beschreibt.

Gehen wir wieder ins Kinderzimmer, wo der kleine Eric (acht Jahre), heute allein zu Hause, die zwei Mannschaften am Tischfußball abwechselnd spielt. Die Mutter kommt vorbei und betrachtet dieses Spiel:

- *„Spielst du beide Parteien? Wie ist das denn möglich?“*
- *„Das geht so: Einmal spiele ich Eric 1 und einmal Eric 2. Manchmal kann man auch mit sich spielen. Ich muss aber auch mit mir lügen ... Ich verstehe auch nicht, wie ich stärker als ich sein kann ... also der Eric 1 muss Eric 2 besiegen wollen.“*

Diesen Gedanken drückt Nietzsche so in „Zarathustra“ aus: „Immer einmal eins – das gibt auf die Dauer zwei!“

5. Das Tasten und Erfühlen des eigenen Ichs

Natürlich sind diesem Schauen des Ichs und seiner Einsamkeit einige Erkenntnisprozesse vorausgegangen, die bei den Kindern immer „Er-fahrungen“ sind und mit dem Körper erprobt werden.

Für das kleine Kind, schon – im ersten bis dritten Lebensjahr, ist das Ich das erste große Geheimnis. Auch diese ganz kleinen Kinder lassen sich nicht ablenken von der Ergründung ihres Ichs, wie wir Erwachsene es so gut können (der große französische Philosoph Blaise Pascal [17. Jh.] hat viel über die „Ablenkung“ geschrieben). Wir lenken uns gerne ab, um dann viel später zu erkennen, dass uns nun eine Grundlage fehlt.

A. „Alles bewegt sich ... was ist das?"

Dieses Ich wird erlebt als ein Lebendes, Lebendiges; das Leben ist ein Problem, das Kinder schon sehr früh beschäftigt. Sie versuchen mit allen Mitteln und auf allen Wegen, diesem Geheimnis näher zu kommen. Das ist der Beginn einer großen Reise auf dem Wege nach dem eigenen Leben.

Die Reise fängt vielleicht eines Tages im Kinderzimmer an. Es ist alles wie immer im Kinderzimmer. Die „große" Schwester (viereinhalb Jahre) ist im Kindergarten. Die Mutter sitzt – wie fast immer (wenn sie nicht gerade kochen oder andere „wichtigen" Hausarbeiten verrichten muss) im Kinderzimmer und hat die kleine Schwester im Arm (zwei Jahre). Vielleicht beschäftigt sich die Mutter mit ihr: beantwortet irgendwelche Fragen, spielt oder schaut ein Bilderbuch an. Auf jedem Fall ist sie natürlich nicht ganz untätig: die Situation kennt jede Mutter. Mütter „können" auf verschiedenen Ebenen leben, auf verschiedenen Ebenen präsent sein. Es ist keine Unfähigkeit, sich zu konzentrieren, wie oft behauptet wird, sondern höchste Präsenz ...

Der Sohn, Eric, drei Jahre alt, sitzt auf dem Boden in ihrer Nähe und hat einige Spielautos vor sich ausgebreitet. Mehr zufällig anscheinend. Eigentlich spielt er nicht unbedingt so leidenschaftlich gerne mit Spielautos wie andere kleine Jungen. Doch an diesem Nachmittag scheint er Gefallen daran zu finden und „schiebt sie hin und her" – die Mutter beobachtet dies mehr von der Seite, sie ist ja auch mit dem anderen Kind beschäftigt. Eric scheint ganz beim Spiel zu sein und doch nicht ganz dabei. Plötzlich hält er stille, fasst sich an dem Arm und sonst noch am Körper, bewegt ganz bewusst die Glieder, beobachtet und sagt schließlich:

– *„Mama, da bewegt sich alles ... was ist das?"*

Sein Gesicht drückt tiefe Ernsthaftigkeit aus. Ob er eine Antwort erwartet, ist nicht so sicher – dies ist oft der Fall, wenn kleine Kinder Fragen stellen. Und gibt es überhaupt eine Antwort auf eine solche Frage?

Die Mutter hält auch inne, schaut ihr Kind an – Blicke, die sich treffen, beieinander in der gleichen Frage. Manchmal ist es wichtig, die Frage stehen zu lassen und vereint zu sein in der gleichen Frage.

Dann sagt sie nur:

– *„Das ist ein Zeichen, dass man lebt. Alles, was lebt, bewegt sich: die Meerschweinchen, die Katze und wir alle. Aber was es genau ist, kann man nicht begreifen."*
– *„Und die Autos, Mama, die bewegen sich auch, die leben aber nicht . . ."*
– *„Meinst du wirklich, dass sie sich bewegen?"*
– *„Ich bewege sie . . ."*
– *„Siehst du, sie machen, was du willst."*
– *„Und mein Bär, Mama, der lebt doch?"*

An dieser Stelle spürt die Mutter, dass das Gespräch schwierig wird, denn natürlich lebt der Bär nicht. Doch für das Kind lebt der Bär.

– *„Ja, was meinst du, Eric?"*
– *„Er lebt vielleicht nicht so wie ich, aber ich kann mit ihm kuscheln; er versteht alles und tröstet mich; siehst du, er schaut mich an."*
– *„Was meinst du, was ist der Unterschied zwischen euch?"*
– *„Ich mache alles allein; ich bewege alles selber. Ich weiß nicht, was mein Bär tut, wenn ich nicht bei ihm bin."*

Fast ist es ihm zuviel. Er scheint sich damit zufrieden zu geben, kurz in sich versunken, um dann wieder an sein Spiel zurückzugehen als sei nichts gewesen.

Diese Situation verdeutlicht einiges, das wir nun zusammenfassen möchten.

– Der Rahmen scheint wie immer besonders wichtig: eine alltägliche Situation – die Mutter ist nebenher beschäftigt, d. h., sie kann sich nicht ganz auf das Kind konzentrieren, was vielleicht dem Kind eine gewisse Ruhe gibt (darüber haben wir schon gesprochen). Auffallend ist es auf jedem Fall, dass Kinder gerade die Momente wichtiger Anspannung bei den Eltern aussuchen, um mit ihnen Gespräche zu führen.

- Das Kind selbst steht in einem Tätigkeitsfeld: es spielt mit seinen Autos.
- Absolute Aufmerksamkeit der Mutter – es ist mehr als nur Präsenz –, eine Aufmerksamkeit, die sich auf viele Dinge richten kann.
  Für ein Kind besitzt der Erwachsene die Fähigkeit, mit Ruhe und Gelassenheit vieles in seinem Blickfeld festzuhalten. Wir kennen alle diese Situation: Es ist Zeit zu gehen. Doch alles fehlt: die Schuhe . . . der Fahrradschlüssel ist auch nicht da. Meistens weiß die Mutter: Da könnte es sein! In einem Berber-Märchen aus Marokko wird die Mutter beschrieben als diejenige mit den vielen Augen.
- Leben wird vom Kinde mit „Bewegung" definiert, der Definition des großen griechischen Philosophen Aristoteles folgend. Durch die Aufmerksamkeit der Mutter bleibt es doch nicht bei dieser groben und unvollständigen Definition, sondern das Kind selbst kommt zu näheren Charakterisierungen des Begriffes: Leben ist ein Bewegen aus sich heraus. Demnach ist der Bär nicht lebend; und wenn er lebt, dann nur in Bezug auf denjenigen, für den er etwas bedeutet.

B. Ich und der Andere.

Zum Thema „Ich und der Andere" sagte ein achtjähriges Kind auf die Frage „Wer bin ich?", eigentlich könne nur ihre beste Freundin sagen, wer sie sei. Es erinnert an M. Bubers Satz „Das ich wird am Anderen" oder „Es gibt kein Ich an sich, sondern nur das Ich des Grundwortes Ich-Du . . .". Ob es ein Wesen des Menschen gibt, das vor dem Menschen schon da wäre, wie das Modell im Denken des Künstlers, das wissen wir nicht, so der Existentialismus. Doch hier wird dieser Gedanke liebevoll gelebt: Indem ich liebevoll „gesehen" werde (hier von der besten Freundin), werde ich zum „Ich".

Ein anderes Kind sagte dazu: „Um zu wissen, wer ich bin, müsste man mein Herz beschreiben."

Wie das eigene Ich wird der Andere auch ertastet und erfühlt: Der erste „Andere", den das Kind erkennt, ist zunächst die Mutter. Wenn der Säugling mit dem kleinen tollpatschigen Händchen das Gesicht der Mutter in seinen Konturen nachfährt, dann ist es auch ein Erkennungsprozess. In dem Fall ist es schon ein Selbsterkennungsprozess, da Kind und Mutter in einer Symbiose verschmolzen sind. Das kleine Kind erlebt also intuitiv, dass Ich und Du, die zwei Wörter des Grundwortpaares gleich sind und gleich gesprochen werden. Wir bewegen uns hier im vorphilosophischen Denken.

Blicke:

Dort scheint sich das ganze Ich zu sammeln. Der Blick trägt die ganze Stimmung, und Kinder fürchten sich vor traurigen Blicken, wie es in dem Jugendbuch von Peter Härtling „Ben liebt Anna" heißt:

„solche Augen ... sie sollten verboten werden ... sie machen Angst"

und sie wissen auch warum: Trauer überträgt sich – vor allem bei Kindern, die Stimmungen wie ein Milieu empfinden, das alle umgibt.

C. Der Spiegel und das Ich (Ich im Spiegel)

Später sucht das Kind sich unmittelbar in dem Spiegel, in dem es zunächst dem Fremdartigen des eigenen Ichs begegnet. Ich, ein Anderer. Kennen wir nicht diese Situation? Ich betrachte mich im Spiegel und staune oder erschrecke sogar: Sind das meine Augen? Dieser Mund mein Mund? War alles nicht irgendwie anders? Vielleicht viel schöner?

„Spieglein, Spieglein an der Wand, wer ist die Schönste im ganzen Land?" Wer kennt nicht den unheilbringenden Spruch der bösen Königin, der Stiefmutter Schneewittchens? Und der Spiegel sagt die Wahrheit, zeigt der Königin die Wahrheit: statt ihr eigenes Gesicht das ihrer Rivalin. Der Spiegel, unser ältester Begleiter, dieser Freund, der abwechselnd Genugtuung, Selbstzufriedenheit oder Abwehr, Selbsthass vermittelt oder den Wunsch, sich zu verändern . . .

Doch es ist ein langer Weg vom ersten erstaunten Blick des Säuglings in den Spiegel bis zu dem der älteren Frau, die schon den Anblick des Todes in dem gegenwärtigen Bild sieht. Vergegenwärtigen wir uns die verschiedenen Möglichkeiten (Varianten) des Spiels mit dem Spiegel, und das heißt der Begegnung mit dem eigenen Ich und mit dem Anderen..

Die Mutter hält das noch sehr kleine Kind (es ist vielleicht gerade zwei Jahre alt) im Arm und beide stehen vor dem Spiegel im Bad, das Kind frisch gebadet. Mit dem Zeigefinger zeigt das Kind auf das eigene Bild im Spiegel – nicht mehr auf die Mutter – und nennt seinen Namen:

– *„Da, Cécile!“*

Erstaunt, ungläubig, schaut die Mutter zu ihrem Kind wie zu einem selbständigen Wesen, unabhängig von ihr, mit dem Gefühl, dass dieses Kind, ihr Kind, ein „Ich“ ist so wie sie.

Voller Stolz führt die Mutter das Kind zu sich selbst, hilft ihm zur Begegnung mit sich selbst. Und dann kommt der Moment, in dem der kleine Zeigefinger auf sich selbst zeigt wie das zaghafte Entdecken des „Ich bin“. Der erste Moment des Gewahrwerdens des eigenen Ichs, vielleicht schon des „Ich bin“. Es drückt sich aus in dem Wörtchen „ich“, das das Kind dann zum ersten Mal benutzt und in dem erstaunt gerührten Blick der Mutter, die ihr Kind als ein selbständiges Wesen entdeckt. Gleichzeitig aber zeigt es auf die Mutter – die beiden Köpfe lehnen sich aneinander im Spiegel. Ab diesem Moment folgt ein rührendes Spiel von Nähe und Distanz – Blicke des Kindes, die die Mutter anschauen, sie spüren, sie dann auch wieder verlassen, sie auch kalt und scheinbar emotionslos wieder anschauen, um sie dann wieder liebevoll zu „sehen“. Ein Spiel, das wie alle Spiele der Kinder Erkenntnis ist – Ausprobieren dessen, was „der Andere“ ist und also was ich mit dem Anderen alles machen kann. Und all diese Handlungen mit dem Anderen sind im Spiegel natürlich harmloser als in der Wirklichkeit. Da kann das Kind alle Schattierungen des Annehmens und Ablehnens ausprobieren und so alle Möglichkeiten des Wechselspiels von Ich und Du ausspielen.

Es ist dann auch wieder ein langer Weg zu dem gleichen Kind – nun achtjährig – das vor dem Spiegel steht und ganz selbstbewusst sagt:

– *„Mama, du bist schon gut, aber ich bin besser als du!"*

Und noch später steht die fünfzehnjährige Cécile in der Diele vor dem großen Spiegel, wandert dann in einen anderen Raum zu dem etwas zierlicheren Spiegel und ruft entnervt, traurig-wütend:

– *„Warum gibt es all diese Spiegel? Immer muss man sich sehen! Immer ich! Und immer anders!"*

Doch dies sind alles Annäherungen zum Ich auf dem Wege der Begegnung mit dem Anderen und den verschiedenen Ich-Bildern.

Nun, nachdem das Ich seinen Platz gefunden hat und feststeht in dem „Grundwortpaar", eröffnet sich das Reich des eigenen Ichs in seiner ganzen Fülle: das Reich des noch nicht Seienden, des nur im Geiste Seienden, das Reich der Phantasie.

2. „Du kleines Ungeheuer!" Was möchte ich sein? Das Spiel mit dem Ich

Das geheimnisvolle Ich wird zu einer unendlichen Quelle der Freude am Entdecken der vielen Ichs, denn das Ich erschöpft sich nicht im sichtbaren, wahrnehmbaren Ich , sondern ist reich an ungeahnten Entfaltungsmöglichkeiten. Das Kind weiß sehr früh um die Existenz einer anderen Seinsart: das Sein-Können, das „Sein im Geiste", wie es die alte Metaphysik bezeichnete. Mit anderen Worten: Sein ist nicht nur das, was wirklich ist (was existiert), sondern auch das, was sein kann oder noch nicht ist: Vorstellungen, Gedanken, Bilder, Wünsche, Projekte: z. B. das Erlebte im Wachtraum ist auch eine Form des Seins, und das Erlebte im Traum hinterlässt seine Spuren in der Wirklichkeit. Das Gleiche gilt auch für das Ich: Es ist nicht nur das Ich, das sich klar kundtut, sondern auch die nicht gelebten Bilder vom Ich, andere Ichs, die aber alle meine sind – Entwürfe der Phantasie, und der Phantasie sind keine Grenzen gesetzt: z. B. ein Kind mag schüchtern erscheinen, doch eigentlich wild wie eine Katze sein. Was hat es mit der Realität zu tun, werden Sie entgegnen. Vergessen wir nicht zu oft, dass die Früchte der Phantasie reeller sind als die Wirklichkeit?

Phantasie ist die Fähigkeit, Modelle zu entwerfen, die dann auch die Wirklichkeit „modellieren".

Die Sprache lebt von der Verwandtschaft und der Durchdringung der verschiedenen Seinsebenen (das Sein, das existiert und das Sein, das noch nicht existiert) und Seinsstufen (die verschiedenen Formen des Existierens: das Anorganische, das Vegetative . . .). Wenn – meist von einer Frau – gesagt wird, sie sei ein Schmetterling, dann weil sie ihrem Wesen nach dem Schmetterling verwandt ist und wie er herumflattert, mal da und mal dort weilt. Für die Erwachsenen geht es um einen einfachen Vergleich; sie können sich nicht so leicht in das Wesen des Schmetterlings versetzen. Kinder dagegen werden vielleicht eine reelle Vorstellung von einer „Schmetterling-Frau" haben – um bei unserem Beispiel zu bleiben (die Verschmelzung zweier Wesen aus zwei verschiedenen Seinstufen). Künstler sind noch solche Magier; doch sagt man nicht von ihnen, dass sie sich ihre Kindesseele bewahrt haben? So sind Leonor Finis Bilder von den Katzenfrauen ein Versuch, verschiedene Seinsweisen miteinander zu verbinden (Mensch und Tier).

1. Ich wäre gern ein Vogel

An einem warmen Sommertag, unter der Woche, sitzt die Mutter mit ihren Kindern auf dem Balkon. Es ist schon später Nachmittag und die Vögel zwitschern so schön auf den Bäumen, fliegen frei und doch geschäftig herum. Die kleine Miriam (fünf Jahre) verfolgt sehnsüchtig den Flug der Vögel und sagt dann:

- *„Ich wäre so gern ein Vogel!"*
- *„Warum? Bist du nicht gerne ein Mädchen?", fragt der ältere Bruder (sieben Jahre).*
- *„Aber ich wäre gern ein Vogel!", wiederholt sie.*
- *„Warum wärst du gern ein Vogel?", fragt die Mutter dann.*
- *„Ich könnte dann fliegen wohin ich will und dann könnte ich alles sehen; ich würde auch alles wissen."*
- *„Vögel wissen doch gar nichts, sie können nichts wissen", meint der große Bruder.*
- *„Du kannst es doch nicht wissen; Vögel sind klug", sagt die Kleine.*
- *„Das ist etwas anderes, aber sie wissen z. B. nicht, wie sie heißen. Außerdem kannst du es noch weniger wissen, weil du kleiner bist!"*
- *Ich kann es doch wissen . . .", weiter mag sie nicht sprechen und scheint etwas für sich behalten zu wollen.*

Hier wurden drei Themen angesprochen:

1. Können Tiere etwas wissen?
2. Worauf gründet sich wahres Wissen? Auf Alter? Erfahrung? Erlernen?
3. Woher hat die kleine Schwester ihr Wissen?

Vielleicht wäre es möglich, diese Themen auf eine kleinere Zahl zu reduzieren? Denn Reduzieren bedeutet das Suchen auf eine schmalere Spur zu bringen, also ein Stück des Weges schon gegangen zu sein, wie René Descartes in seinem Werk „Von der Methode" es vorgelegt hat.

Schließlich geht es um zwei Themen: Wissen und die Differenz zwischen Mensch und Tier. Doch ursprünglich ging es um das Ich: um den Wunsch der kleinen Miriam, ein Vogel zu sein und darum, dass das Ich nicht eingeschränkt ist in seinem Mensch-Sein, sondern auch vielleicht ein Vogel-Sein in ihm ist, weil er doch in sich das Vogel-Sein-Wollen verspürt. In diese Richtung sollte sich das Gespräch weiterentwickeln, aus zwei Gründen: Das Bedürfnis des Kindes sollte ernst genommen werden, und es ist wichtig, Kinder auf dem „geraden" Weg des Gesprächs zu helfen, d. h. einen Gedanken bis zum Ende und in der Strenge des Denkens auszudenken.

Außerdem nimmt das Gespräch die Form einer heftigen Auseinandersetzung an, die nicht mehr sachlich bleibt – und das Sachliche ist heilsam, vorausgesetzt, es dient nicht dazu, Wichtiges bewusst zu verbergen. So fährt die Mutter fort:

– *„Miriam, meinst du vielleicht, dass ein Vogel besser sieht und also besser weiß, weil er über allem schwebt, und wir das natürlich nicht können?"*
– *„Ja, und ich würde so gern da oben sein und alles von oben sehen, da oben muss es so schön sein. Keiner kann einem etwas wollen. Manchmal bin ich auch ein Vogel."*

Vogel-Sein bedeutet also frei sein, Kraft haben und vor allem – und dieser Gedanke ist besonders spannend – wissen, all dies mit der Ausrichtung nach „oben" verbunden – der

„aufrechte Gang“ (Aristoteles), die Vertikale als ein typisches Kennzeichen des Menschlichen. Es ist die Freiheit des Geistes, dieser Aufschwung, den der französische Dichter des 19. Jh., Charles Beaudelaire, in seinem Gedicht „Elévation“ (Aufschwung) beschreibt:

„Über den Weihern und über den Tälern,
Den Bergen, den Wäldern, der Flut . . .
Bewegst du, mein Geist, dich in Leichtigkeit . . .

– „Die Menschen haben immer versucht zu fliegen“, sagt dann die Mutter. „Aber du hast recht, Miriam, etwas in uns will immer nach ‚oben‘.“
– „Mama, erzähl vom Fliegen!“

Kraft seiner Phantasie vermag das Kind eine Vorstellung vom Ich zu entwerfen, ein gewisse Anthroplogie (Lehre vom Menschen) zu zeichnen, wobei der Geist oder besser gesagt das Nicht-Materielle durch den Charakter der Sehnsucht, das Gefühl des Ungenügens, des Unvollkommenen beschrieben werden kann.

2. „Du kleines Ungeheuer!“

Schmetterling-Frau, Bär-Mann, Katzen-Frau, Wilder Mann . . . alles Ungeheuer! Bedrohlich, faszinierend! Unsere abendländische Kultur ist voll von Ungeheuern und von Helden (wie Theseus) die die Erdoberfläche von diesen Ungeheuern säubern sollen.

Du kleines Ungeheuer!

Oft werden Kinder so angesprochen. Warum eigentlich? Was haben Kinder mit Ungeheuern zu tun? Sind Kinder Ungeheuer? Auf jeden Fall lieben Kinder Ungeheuer, in ihrer Phantasie malen sie die unterschiedlichsten Ungeheuer an die Wand, von Drachen über Vampire (denken wir doch an die beliebtesten Kinderbücher „Der kleine Vampir“), Hexen („Die kleine Hexe“), Supermann als die Nachfolger der früheren Heiligenlegenden. Ungeheuer sind übrigens für sie nicht so schlimm wie für uns Erwachsene, denn Kinder sind ihnen nah. Das Entwerfen von Ungeheuern ist eigentlich für sie ein Spielen mit dem Ich, ein Basteln am Ich.

Denn was ist ein Ungeheuer? Versuchen wir eine Definition:

Ein Ungeheuer ist eine neue Kombination von Elementen, die es in der Wirklichkeit gibt, die aber dort nie in dieser Kombination anzutreffen sind.

Insofern sind Kinder wahre „Existentialisten" (zunächst gibt es die Existenz, das Dasein und in diesem Dasein habe ich die Aufgabe, mein „Ich" zu modellieren). Die weiteren Fragen wären dann:

1. Erfinden Kinder dieses vielköpfige Ich aus sich heraus?
2. Oder ahnen sie diese Möglichkeiten in sich und gehen auf Entdeckungsreisen in dem Spiel mit Ungeheuern?

Zuweilen erscheint die Theorie, als würde die Existenz von Ungeheuern eine Erinnerung an vorgeschichtliche Zeiten sein, an die Zeit der Dinosaurier, die auch gleichzeitig die Zeit ist, in der sich das Gehirn gebildet hat und also in seiner Struktur solche Wesen eingeprägt sind.

Fragt man ein Kind: Was möchtest du sein?, so malt das Kind es am liebsten, denn Worte könnten niemals die Kraft seiner Vorstellung wiedergeben und diese Kraft liegt in der Genauigkeit und Systematik des Denkens und des Spiels mit der Phantasie.

Schauen wir uns die Zeichnung auf S. 35 an. Haben wir hier nicht wirklich ein kleines Monster, doch ein „liebes", kleines Monster. Anna (acht Jahre), ein artiges, ruhiges kleines Mädchen, in dem man nie einen Jaguar vermuten würde, hat anscheinend diesen Jaguar in sich integriert und lebt mit ihm in Harmonie. Hier drückt sich die Sehnsucht und gleichzeitig das Vermögen aus, wirklich „verschiedene Seelen in ihrer Brust" leben zu lassen. Aristoteles Beschreibung und Definition der Seele hätte die Anregung zu diesem Bild sein können!

Das Bild wurde an einem regnerischen Nachmittag gezeichnet, an einem Nachmittag, an dem die Seele sich spürt, und so entspann sich ein Gespräch:

- *„Komisch", sagte Mathias, „warum malst du dich wie ein Jaguar?"*
- *„Ich male mich nicht wie ein Jaguar; ich bin ‚auch' ein Jaguar!", entgegnete Anna.*

Im Unterschied zum Erwachsenen, der sagt: Ich bin so schnell „wie" ein Jaguar, sagt das Kind: Ich bin ein Jaguar.

Mathias schaut sich auch das Bild an, ganz ernst, als würde er etwas entdecken:

- *„Ja, das bist du wirklich, Anna!"*
- *„Ich finde auch, das ist Anna", sagt dann ihre beste Freundin Melanie. „Immer ist man vieles!"*

Hier entsteht auch wieder Bewunderung vor der Genauigkeit, mit der Kinder philosophische Sachverhalte ausdrücken: Annas Bild illustriert Aristoteles' Seelentheorie. Kinder sind neugierig, freuen sich, andere Vorstellungen kennen zu lernen wie z. B.:

Aristoteles(384–322 v. Chr.): Nach ihm ist die menschliche Seele eine Einheit von Pflanzenseele („vegetative Seele"), Tierseele („sinnliche Seele") und schließlich Vernunftseele. Dabei sind diese verschiedene Elemente keine Teile, sondern eine nicht teilbare Einheit, wobei der vernünftige Teil schon den Menschen kennzeichnet. Dieser Gedanke des großen griechischen Philosophen scheint den Kindern sehr nahe zu sein.

Kinder können einfach wann immer sie wollen in das Land zurück, „Wo die wilden Kerle wohnen"!

Sich Verkleiden:

Kinder greifen nicht nur zum Papier, um an ihrem Ich zu basteln, zu modellieren, sie verkleiden sich, schminken sich, verwandeln ihren Körper. Wer verkleidet sich nicht gern? Masken, andere Kleider, Bär sein – Spiel, doch auch absoluter Ernst. Nicht wie für uns Erwachsene eine Maskerade, die nur ein paar Stunden dauert, und doch nichts mit unserer Wirklichkeit zu tun hat. Fast ist man versucht zu sagen: Es ist harte Arbeit, denn es geht darum, vielleicht einen ganzen Tag, ja sogar mehrere Tage neue Wege zu gehen, an denen leider noch Zeit gefunden werden muss zum Essen und all diesen leidigen Dingen des Alltags. Marcel Proust hat so schön diese Situation des Kindes beschrieben: wunderbare Stunden des Lesens, an denen alles andere als furchtbar lästig empfunden wurde, das Butterbrot auf der Bank daneben vergessen wurde . . .

Spannend sind dann die Gespräche in den Pausen während dieser Verkleidungsspiele, wenn alle nur halb sitzend (knieend auf den Stühlen) am Küchentisch – schon auf dem Sprung sind, denn das Spiel wartet (sie sind alle fünf bis sechs Jahre). Sogar Essen und Trinken werden noch ins Spiel mit einbezogen:

- *„So isst kein Hund!", meint der „große" Bruder Eric (vier Jahre) zu der kleinen Schwester und macht ihr vor, wie sie von dem Teller den Kuchen essen soll.*
- *„Aber ich bin doch noch die Miriam!"*

– *„Das merkt man, weil du gleich zu heulen anfängst: Hunde können nicht weinen!"*

Weinen, Lachen: Themen, die Kinder sehr beschäftigen! Vielleicht weil sie spüren, dass man dabei an etwas wesentlich Menschliches rührt.

3. Die Eule als Symbol der Philosophie

Was hat das alles mit Philosophie zu tun? Sehr viel! Kinder erproben Gedanken und lassen im Erproben (d. h. im Spielen, wie ist es, wenn ich ein Vogel bin?) Gedanken entstehen (der Mensch ist auch ein Vogel, gehört der Luft wie ein Vogel).

Und haben nicht die Philosophen die Eule als ihr Symbol ausgesucht? Erzählen Sie es Ihren Kindern! Reden Sie mit ihnen über die Eule! Was ist eine Eule? Wie lebt sie? Welche Laute gibt sie von sich? Es gibt kein aufschlussreicheres Nachdenken mit Kindern über das, was Philosophie ist! Außerdem ist es ein ästhetisches Vergnügen, an dem Bild der Eule zu malen (konkret und im übertragenen Sinne): Blick, Gehör, Laut . . .

4. „Ich wäre so gern ein Kind von der Domino!" oder: „Spielen wir Löwenmutter und Löwenkinder?"

Domino, das ist die Katze, die als stolze und liebevolle Mutter ihre neugeborenen Kätzchen verwöhnt, die Katze von Miriam, 15 Jahre alt, die mit sehnsüchtigen Blicken dies mehr im Traum leise sagt. Die Mutter erschrickt: Bin ich eine schlechte Mutter? Selbst Domino ist eine bessere Mutter! Aber nein! Eltern fallen immer wieder rein und vergessen, dass Kinder selten schwarz-weiß denken: Wenn Domino eine gute Mutter ist, heißt es noch lange nicht, dass die Mutter eine schlechte Mutter ist. Dieser Satz ist einfach voller Sehnsucht: die Sehnsucht nach der Zeit, als das junge Mädchen ganz nah dieser Seinsstufe war – also den Tieren; Sehnsucht nach der Zeit, in der sie mit der Mutter und den Geschwistern im Spiel das Tierhafte in uns gelebt hat, in dem rituellen Spiel (jeden Mittag nach dem Mittagessen) „Löwenmutter und Löwenkind". Subtiles Zusammenspiel von Bewusstem und Unbewusstem, non-verbale Reflexion über die menschliche Seele.

Spielen Sie „Löwenmutter und Löwenkinder" in dieser Gesinnung mit Ihren Kindern, d. h. mit dem Bewusstsein, dass es für das Kind zu einem Erkenntnisprozess gehört, dann wird es bei dem Kind sicher einen Prozess einleiten, der sich auch begleitend bis in Erwachsenenalter vertiefen wird, denn

das Philosophieren hört nicht auf und bleibt ein immerwährender Dialog zwischen Eltern und Kind und das ist auch das Eigentümliche und besonders Beglückende am Philosophieren mit den eigenen Kindern: Es gibt eine Kontinuität vom ersten Ich-Bewusstsein im Spiegel im Kleinkind-Alter bis zu der Jugendlichen, die sich dieser Sehnsucht hingibt. Eine solche Kontinuität gewährt einem Kind eine besondere Stabilität.

Später hat diese Vorstellung („ich wäre gern ein Kind von der Domino") eine Zukunftsperspektive: Für die 15-Jährige heißt es auch: Ich wäre selber gern eine Mutter wie die Domino.

Wir sehen also: Durch die Phantasie ergründet das Kind alles, was es in sich spürt; es gibt infolgedessen einen Bestand des Menschen (ein „Wesen", würde die traditionelle Philosophie sagen, eine „Situation" des Menschen, würde der Existentialismus sagen), eine Bedingung, in die wir hineingeboren wurden.

Die Phantasie ereignet sich auf allen drei Zeitperspektiven:

– in der Gegenwart: Sie hilft, die Situation des Menschen zu erkunden; durch sie steigen wir in die tieferen Schichten der Geschichte des Menschen;

- in der Vergangenheit: Sie hilft kraft der Erinnerung, Vergangenes mit Gegenwärtigem zu verbinden;
- sie ist vorausschauend: Das Kind erprobt dank ihrer die Zukunft.

Sich in den Kreisen des Ichs bewegend, das das Du immer mit einschließt (wie Martin Buber es beschrieben hat), wendet sich das Kind nun dem Es zu, der Welt und ihrem Geheimnis.

3 „Wie funktioniert das Ohr?“ Die geheimnisvolle Welt. Begegnung mit der Welt

A. Der Körper als das Tor zur Welt

Schon ganz klein sind Kinder mit ihrem Körper beschäftigt; sie ahnen, dass der Körper das Tor zur Welt ist. Und es wundert nicht, wenn der kleine Eric, der die Frage stellte: „Wie funktioniert das Ohr?“ sich später entschied, Medizin zu studieren, weil er doch „alles über den menschlichen Körper“ wissen wollte! Wie funktioniert das Ohr? Wie denkt man? Fragen, die die Kinder faszinieren. Doch was hat mein Ohr mit der Welt zu tun? Was hat Denken mit der Welt zu tun? Welt ist für uns Menschen immer wahrgenommene Welt, erkannte Welt: Eine Selbstverständlichkeit für den modernen Menschen, der nicht unberührt bleiben konnte von der Reflexion der modernen Philosophie. Kinder leben in diesem Ambiente: Erkennen der Welt ist immer eine Begegnung des Ichs mit der Welt. Mit einer Beharrlichkeit „untersuchen“ sie also die „Orte“ der Begegnung oder, um mit Kant (1724–1804) zu sprechen, die Bedingungen der Wahrnehmung und der Erkenntnis: das Hauptanliegen der Philosophie seit ihm. Wir haben im ersten Kapitel gesehen, wie Kinder ihren Körper erfahren. Es ging dort mehr um Ich-Bewusstsein; hier geht es um das „wie“: Wie geht es, dass mein Ohr tatsächlich etwas von der Welt wahrnehmen kann? Was sind die Bedingungen für das Erkennen?

Die Kinder spielen mehr oder weniger jedes für sich. Plötzlich halten sie an, hören zu, erstaunt, erschrocken, entsetzt fast. Die Eltern lassen gerade eine Kassette laufen: Aufnahmen der Kinder aus einem früheren Spielenachmittag. Eric sagt ablehnend:

- *„Aber Leila hat gar nicht so eine Stimme! sie spricht so piepsig!“ (Leila ist die große Schwester.)*
- *„Doch! Sie redet immer so viel!“, sagt die andere Schwester.*
- *„Ich finde, ich rede auch nicht so“, meint die kleine Schwester Miriam.*
- *„Du kannst nicht wissen, wie du redest, weil man seine Stimme nicht hört“, meint Eric.*
- *„Und die anderen wissen's? Ich will nicht, dass ihr meine Stimme hört und ich nicht!“*
- *„Mama, wie funktioniert das Ohr? Geht da was rein und wieder raus?“, überlegt Eric.*

Der Moment ist gekommen, in dem die Kinder genaue Informationen brauchen. Die Mutter hat schnell ein Buch aus dem Bücherregal gegriffen: „Die Sinnesorgane" – kein Kinderbuch, sondern ein Sachbuch mit einem sehr anschaulichen Bild zum Thema „wie funktioniert das Ohr?", in der Art der Comics dargestellt. Schauen wir uns – zusammen mit den Kindern – das Bild an:

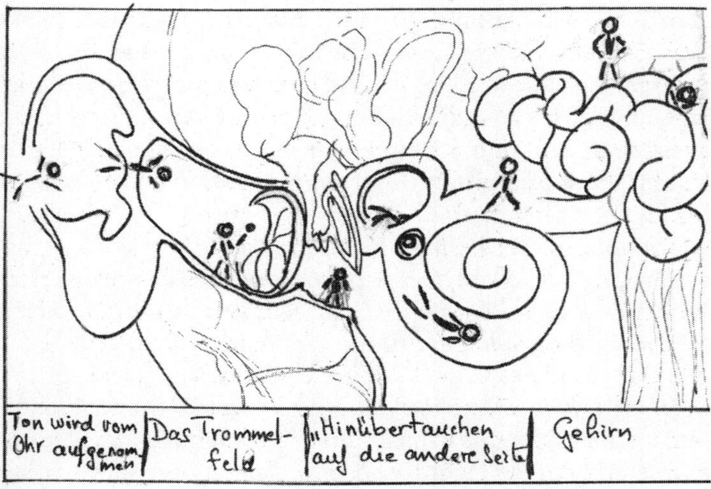

Der kleine „Bumm" – so wird der Laut genannt – schleicht sich von außen ans Ohr heran, klopft ganz zart dort und wartet, bis er hereingelassen wird. Er muss sich klein machen – also sich dort schon anpassen. Dann macht er sich seinen Weg durch die vielen Gänge – die hier natürlich alle benannt werden. Jedes Mal muss er sich den Gegebenheiten anpassen. Die Kinder schauen ganz gespannt dem Abenteuer des kleinen Bumms zu . . . sie denken nach . . . kommentieren das Bild . . .

Es wird so anschaulich, wie sehr hier zwei Welten zusammenkommen: die innere Welt (die empfangende, die aber schon durch das Aufnehmen aktiv wirkt) und die äußere Welt (der kleine Bumm, das Geräusch, mit einer Botschaft aus der Welt). Alles eindrucksvolle Bilder, die den Kindern leicht vermitteln, wie sehr unsere Wahrnehmung ein „Tun" ist, ein Arbeiten und Verarbeiten der Sinneseindrücke. Eine Vorstellung, die dem kindlichen Wesen entspricht, das eigentlich immer tätig ist und dieses Handeln nicht als Stress empfindet, sondern als Freude. Für Kinder bedeutet „Sein" stetiges Tun, denn sie müssen alles lernen, wenn sie schon, wie Hannah Arendt es gesagt hat, „wahre Immigrierte auf unserem Planet" sind. So werden sie sich ohne Problem mit dem Bild vertraut machen, auch mit dem Gedanken, dass Sinneseindrücke wie Geräusche nichts sind, wenn sie nicht wahrgenommen werden. Dass diese Tatsache auch nicht deprimierend ist – als gäbe es keine Objektivität mehr –, denn es ist doch immer der gleiche Bumm, der an verschiedenen Türen anklopft, allein jeder von uns hat sein eigenes „Haus"!

– *„Mama, sind die Ohren bei allen gleich?"*
– *„Ja natürlich, wenn alles gut funktioniert, nichts krank ist."*
– *„Aber doch nicht gleich, finde ich. Erics Mund ist nicht wie mein Mund!", meint die kleine Miriam.*
– *„Vielleicht ist es bei Mädchen anders als bei Jungen?"*

Hier droht wieder ein neues Thema uns vom Weg abzulenken: das Thema Mädchen und Jungen, auch ein sehr beliebtes Thema bei Acht- bis Neunjährigen. Wir sollten aber das Thema Wahrnehmung / Erkennen weiter fortsetzen. Und so geht das Gespräch weiter:

– *„Das ist nochmal ein ganz großes Thema. Wir sind aber noch nicht mit unserem Bild fertig. Bumms Reise geht ja noch weiter und da wird es ganz spannend: Bald kommt er ans Gehirn“, sagt die Mutter.*
– *„Das Gehirn, das ist doch im Kopf? Da sind alle Gedanken, oder?“*
– *„Nein, eigentlich ist nichts drin“, meint Eric, „oder nur durcheinander, es muss doch alles noch richtig geordnet werden.“*
– *„Dann sieht es sicher aus wie eine Fabrik, mit Maschinen . . . so denk ich's mir“, meint die Kleine.*
– *„Ich weiß, was da drinnen ist: Muster, Pläne.“*
– *„Mama, können wir jetzt essen; ich habe Durst!“, ruft die Kleine.*
– *„Du nervst, Miriam“, ärgert sich der große Bruder.*
– *„Ich glaube, ich habe auch Durst“, meint die Mutter.*

Mit den eigenen Kindern philosophieren heißt, sich der Familien-Situation anpassen. Manchmal ist ein solches Abbrechen des Gesprächs, eine für einige Mitglieder erzwungene Pause, eine günstige Möglichkeit,

1. das Gespräch besser zu strukturieren: An dieser Stelle müsste nämlich ein neues Thema anfangen: Denken (was habe ich in meinem Kopf als dem Ort, in dem äußere und innere Welt zusammen kommen). Ein Einschnitt ist also angebracht.
2. Es gibt dem Erwachsenen die Gelegenheit zu überlegen, wie das Gespräch weitergehen soll. Außerdem finden solche Gespräche mit den eigenen Kindern immer zwischendurch statt (vielleicht muss das Jüngste versorgt werden.) Dem älteren Bruder, der durch das Abbrechen frustriert erscheint, könnte man vorschlagen, sich ein Buch zu diesem Thema anzuschauen, auf die Weise z. B.:

– *„Weißt du was, Eric, du könntest dir nochmal ‚Das größte Haus der Welt' anschauen; das Buch hast du doch gern:*

die Schnecke hat auch einen Plan und denkt sich etwas aus. Und für dich, Leila, fällt mir die Geschichte ‚Vom Denken' in ‚Kinderkram' ein."

– *„Ich hab' keine Lust mehr zu reden und auch nicht zu lesen, meint Leila. Das Wichtigste ist: man lebt und denkt!"*

Wie konnte sie vergessen, dass ihre große Leila eine Pragmatikerin ist, eine, der es mehr ums Handeln geht, mit einem klaren Denken, die aber nicht viel Zeit damit verliert. Die Mutter könnte auch anders argumentieren: Gerade ihre realistische Leila könnte etwas Theorie verkraften. Doch das Argument wäre eines für die Schulsituation. In der Familie wird vieles nicht systematisch, sondern eher aus der Dynamik der Gruppe gelernt, aus der Atmosphäre, einfach so nebenher. Und auch wenn ein System da ist, gerade in der Familie ist es wichtig, das System zu vergessen. Wachheit und Tätigkeitsbedürfnis der Kinder: Das ist es, was uns an ihnen fasziniert (das immer wieder Ausprobieren). Ein Begriff von Arbeit, den es kaum noch gibt, Arbeit als „vita activa", als „tätiges Leben", ein Begriff der alten Metaphysik, den Kinder wie selbstverständlich vorleben.

Welt erkennen heißt also bei den Kindern immer Welt machen, Welt verändern – nicht im Sinne von Revolution, sondern im Sinne von neu gestalten, Projekte, Utopien entwerfen.

B. Die Freude an Modellen

1. Kinder: die großen Erfinder (Kind und Technik)

Ihre Begeisterung für das Kombinieren, für Systeme, verbindet sich mit dem Ziel des guten Nutzens, der Funktionalität. Leonado da Vinci hat z. B. als Kind schon Geräte für die Weinernte entworfen und (Geo Trouvetout) ist nicht von ungefähr die beliebteste Figur Walt Disneys! Disney, der als Erfinder von Modellen ein großer Philosoph ist; darum lassen wir ihn doch den Kindern! In der Beschäftigung mit Technik finden zusammen Erfindungsgeist, Strenge des Denkens und des Arbeitsprozesses.

Hier häufen sich die Beispiele:

- Kinder bauen gern Riesentürme, als würden sie üben, Münstertürme zu bauen, die nur dank einer besonderen Statik stehen.
- Später bauen sie Eisenbahnenanlagen, wobei das Bauen wichtiger ist als das Spielen.
- Sie bauen Geräte oder Werke wie z. B. diese zwei Brüder (acht- u. neunjährig), die eines Tages ein Riesenkohlwerk durch die ganze Küche bauten. Sie hatten irgendwelche Batterien dafür aufgemacht, als die Eltern am Vormittag abwesend waren. Kinder brauchen dann auch wie Künstler Ruhe und Einsamkeit. Das Entsetzen der Eltern ist leicht vorstellbar und dennoch ist es hier wichtig, „das Werk" zu bewundern!
- Der kleine Jean (acht Jahre) baute einmal ein wunderbares Auto: „Knock-Auto" wurde es genannt, bei dem wirklich alles funktionierte, angefangen von den Scheibenwischern bis hin zum Dach, das auch geöffnet werden konnte. Das Material: Toilettenpapier-Rollen, Flaschen-Korken. Alles kann gebraucht werden. Ist es nicht eine wunderbare Aufgabe, für unsere Kinder zu sammeln und dabei an ihrer schöpferischen Tätigkeit teilzuhaben?

2. Zwei Weltmodelle – Die Freude an Utopien

Welterkennen heißt für Kinder zugleich Welt machen, Welten erfinden, Welt neu gestalten, also Utopien entwerfen, und dies war schon immer ein großes Anliegen der Philosophie: Platons „Staat" ist z. B. eine solche Utopie.

Was ist ein Utopie?

„Utopie" möchten wir hier nicht im trivialen Sinne verstehen von „utopisch", d. h. „unrealistisch", sondern im

philosophischen Sinne. Demnach ist eine Utopie ein Modell, ein Ganzes, ein System, das aber so klar durchdacht und logisch aufgebaut ist, dass es realisierbar sein könnte. Nach der Definition: (aus griechisch „ou“ = nicht und „topos“ = Ort) ein „Nirgendsland“, ein in Gedanken konstruierter idealer Zustand menschlichen Zusammenlebens.

A. „Ich wünsche mir eine Welt ohne Geld“

Die fünfjährige Anna sitzt am Küchentisch und betrachtet ein paar Geldstücke, die sie gerade abpaust, während ihre Mutter schnell das Mittagsessen vorbereitet.

- *„Mama, warum gibt es Geld? Ich finde sie blöd, diese Geldstücke.“*
  Das leidige Thema Geld, denkt sich die Mutter, Anna hat wirklich recht! Bei den älteren Geschwistern ist Geld das Hauptthema – oder eher das fehlende Geld und die Suche nach Jobs, um dadurch das Taschengeld aufzubessern.
- *„Ich hätte auch lieber eine Welt ohne Geld. Aber wie soll das denn gehen? Es ist schon praktisch; wie soll man sonst kaufen.“*
- *„Aber Geld ist gar nichts. Schau, eine DM ist ein Stück Geld und dafür kriegt man zehn saure Zungen, das ist wirklich was, das schmeckt. Gestern hat Susy uns eine Flasche Apfelsaft ausgeliehen und jetzt hat sie uns eine Flasche Birnensaft gegeben, weil beide das Gleiche kosten. Dabei ist es überhaupt nicht das Gleiche, es schmeckt ganz anders. Also ist Geld wirklich nichts, wenn man zwei ganz verschiedene Dinge für das gleiche Geld bekommt.“*
- *„Ja, und wie würde es gehen?“*
- *„Wir würden dann tauschen: Man würde etwas, was man nicht dringend braucht, für etwas anderes geben, was man dringend braucht. Man bräuchte nur einen großen Platz, keine Bank, keine Läden. Bank ist sowieso blöd: Kinder können eh da kein Geld holen und es ist wie bei „Onkel Dagobert“ mit seinen Bergen von Geld. Soll ich dir die Stadt mit diesem Platz malen?“*

Ohne auf die Antwort zu warten, hat Anna Papier und Stifte geholt, und es entsteht das wunderbare Bild eines orientalischen Dorfes, wie Kinder es aus Walt Disneys Film „Aladin" kennen.

Anna hat also ganz natürlich den richtigen Ausgangspunkt für das Gespräch gewählt: Geld hat keinen Wert an sich. Der Begriff wurde also geklärt.

B. „Wir wollen auch ins Nimmerland!"

1995 wurde die seltsame, faszinierende Kindergeschichte „Peter Pan" wieder berühmt durch die moderne Verfilmung des Themas: Der Film heißt „Hook". Mit den Eltern hatten die Kinder (zwischen sieben und zehn) den Film gesehen. Sie kannten aber schon die Geschichte, die die Eltern ihnen oft erzählt hatten, eine Geschichte, mit der englische Kinder aufwachsen, denn sie spielt in London und Peter Pans Statue steht im Kensington Garden. Es wurde viel über den Film diskutiert.

In unserer Welt der Medien ist es wichtig, auch von Filmen und Ähnlichem auszugehen, wenn wir mit unseren Kindern philosophieren, denn Kinder sollten da abgeholt werden, wo sie stehen – ja, sie brauchen sogar das Gespräch mit ihren Eltern über das Aufgenommene.

In dieser Geschichte geht es um Kind-Sein-Dürfen, um Nicht-Erwachsen-Werden-Wollen, es geht um Phantasie als das Wesen des Kindes. In der ursprünglichen Geschichte ist Peter Pan ein kleiner Junge, der nicht erwachsen werden will, nicht zu seiner Mutter zurück will (nachdem er sie verloren hat), weil sie ein anderes Baby bekommen hat. Er bleibt lieber auf einer von Feen bewohnten Insel im Kensington Garden, in dem sich bald darauf andere kleine Jungen zu ihm gesellen, die sich in der gleichen Situation befinden. Dort, in diesem Nimmerland, leben sie wie im Paradies – auf jedem Fall in einer anderen Welt, in der alles kraft der Phantasie geschieht:

- Essen ist ein Produkt der Phantasie. Die „verlorenen Jungen", wie sie dort heißen, können sich die leckersten Süßigkeiten hervorphantasieren;

– Es gibt keine Erwachsenen (denn sie haben keine Phantasie), also auch anscheinend keine Gesetze;
– Es steht außerhalb der Zeit.

Eine solche Welt übt natürlich eine große Anziehungskraft auf Kinder aus, die darin ein mögliches Weltmodell sehen.
– *„Ich wäre so gern im Nimmerland!“, seufzt die kleine Miriam.*
– *„Das kann ich verstehen“, meint die Mutter, „ich würde auch gern so jeden Morgen unter dem freien Himmel aufstehen. Aber was gefällt euch denn noch am Nimmerland?“*
– *„Da gibt es keine Gesetze!“*
– *„Wisst ihr denn überhaupt, was ein Gesetz ist?“, erkundigt sich die Mutter.*
– *„Ein Gesetz, das ist etwas, was man machen muss, sonst wird man bestraft. Kinder müssen in die Schule gehen; das ist ein Gesetz.“*
– *„Aber zu Hause bei den Eltern gibt es doch keine Gesetze“, meint etwas ängstlich die Mutter.*
– *„Doch. Wir müssen abends nach Hause, wenn ihr wollt, auch wenn wir keine Schule haben und auf dem Spielplatz spielen wollen.“*
– *„Genau! Und wir werden auch gestraft, wenn wir es nicht tun!“*
– *„Dann fühlt ihr euch unfrei? Machen Gesetze unfrei?“*
– *„Ja!“*
– *„Und wie ist es im Nimmerland?“*
– *„Da gibt es keine Gesetze und Kinder sind frei! Sie müssen nicht in die Schule; keiner sagt ihnen, wann sie ins Bett müssen.“*
– *„Aber sie müssen doch ins Bett“, – die Mutter ist froh, endlich etwas gefunden zu haben –: „sie müssen ins Bett, wenn es dunkel ist, wie alle Tiere; also sind sie nicht so frei. Vor allem müssen sie früh ins Bett, denn es wird früh dunkel!“*
– *„Siehst du! Eben, das ist doch anders: Sie gehen schlafen, wenn alle schlafen gehen. Das ist auch die richtige Zeit.“*

Wieder ertappt, denkt sich die Mutter. Diese Kinder können so klar denken; vor allem werden sie nicht durch irgendwelche Nützlichkeitsgedanken abgelenkt; sie sind immer ganz bei der Sache! Das Problem „Zeit" lassen wir noch beiseite, um uns dem Problem „Gesetz" zuzuwenden. Die Mutter gibt also zu:

- *„Gut, das sehe ich auch ein: Es ist schön, mit der Natur schlafen zu gehen; aber sonst gibt es doch einen Chef im Nimmerland: Peter Pan, und er bestimmt viel, z. B. wer ihn vertreten darf oder dass das Piratenschiff angegriffen werden soll."*
- *„Der ist aber nur ein Chef, weil er Phantasie hat und sogar mehr als die anderen verlorenen Jungen."*
- *„Dann ist die Phantasie stärker als Peter Pan . . ."*
- *„Trotzdem ist er ein Chef, weil . . ., weil . . ."*
- *„Weil er wegen der Phantasie stark ist, er hat ein Stück Phantasie."*

Kinder üben also eine realistische Kritik an der Welt, um dann zu überlegen: wie könnte es anders sein? So entstehen zahlreiche, mögliche Welten, die manchmal in der Kinderliteratur Ausdruck finden. Manche Modelle beziehen sich auf die Gesellschaft, wie das Modell einer Welt ohne Geld oder die Frage, ob eine Welt ohne Gesetze überhaupt möglich ist. Andere Modelle betreffen das Leben nach dem Tode (vielleicht leben wir auf einem anderen Sonnensystem nach dem Tode", meinte ein kleines Mädchen) oder Welten des Übersinnlichen.

Weltmodell und Traum

Weltmodelle sind keine Träume. Wir haben schon gesagt, dass Utopien sich gerade durch ihre Genauigkeit und den Charakter der Realisierbarkeit auszeichnen, was beim Traum nicht der Fall ist, obwohl beide Früchte der Phantatis sind. Doch im Traum ist das Kind der Phantasie ausgeliefert; beim Entwerfen eines Modells bedient sich das Kind der Phantasie.

Dieses lange Gespräch zeigt, wie sehr Kinder über komplizierte Sachverhalte wie Gesetze und Teilhabe (Peter Pan ist ein Chef wegen der Teilhabe an der Phantasie . . .) reflektieren können.

3. Was ist Denken?

Plötzlich fällt der kleinen Miriam ein: Wir wollten doch überlegen, was Denken ist und was wir im Kopf haben! Sie meint:

– „Ich habe eine Idee! Ich zeichne alles, wie ich es mir vorstelle, was drinnen ist."

Und da entsteht das Bild

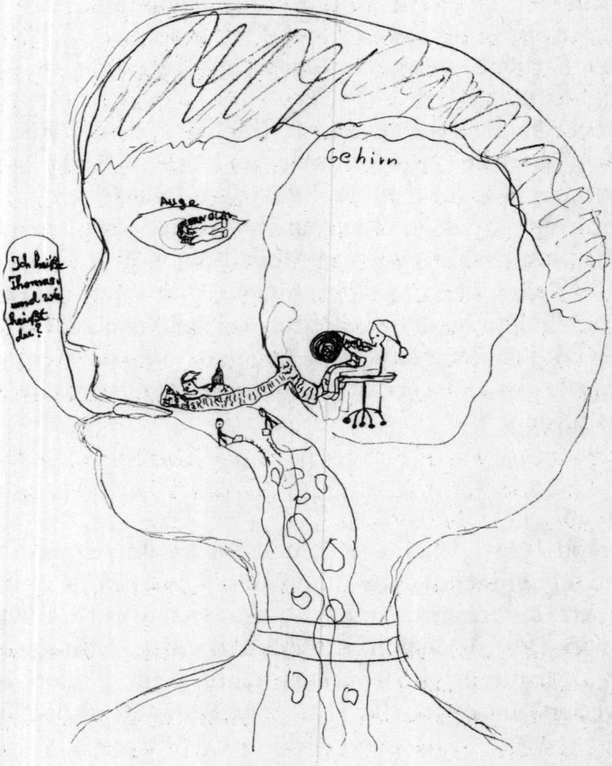

Die Geschwister beugen sich über das Bild, interessiert, amüsiert auch etwas, denn sie sind älter und denken nicht mehr so konkret. Nach dem Gespräch über Wahrnehmung entsteht natürlich ein anderes Bild als das Frühere (S. 50). Nun sind keine „Dinge" im Gehirn vorzufinden, sondern es sind vor allem Tätigkeiten; es wird dort „gemacht", getan und gearbeitet. Alles ist präsent im Gehirn: Vergangenes, Gegenwärtiges, Zukünftiges, Befehle der Eltern. Und alles das wird umfunktioniert zu einer neuen Erkenntnis. Die Kinder freuen sich an dieser großen Regsamkeit und wie Baustein für Baustein unsere Welt dort zusammengebastelt wird.

Für Kinder kann alles Baustein für Erkenntnis sein, und wenn sie nicht in einen Rahmen eingezwängt werden, so nutzen sie alles zu ihrem eigenen Zweck – was nicht unbedingt dem der Erwachsenen entspricht, wie z. B. in folgender Situation:

Die Eltern kommen nach Hause und entdecken das wertvolle pädagogische Material völlig zweckentfremdet: In einer Ecke in der Diele liegen die bunten Klötze (rot, blau, gelb: die Grundfarben natürlich) völlig „durcheinander gerührt" in einer Plastikschüssel. Eigentlich sollten sie schön ordentlich in eine Holzplatte nach Größe und Farbe gesteckt werden. Auf die Frage der etwas verärgerten Eltern, was diese Unordnung soll, antwortet die kleine Leila (vier Jahre)

– *„Wir haben einen Salat für unsere Kinder gemacht: Tomaten, Paprika, Radieschen . . . es ist für nachher, deswegen soll er da bleiben."*

Dieses Spiel ist schon Philosophieren im Handeln:

1. Die Kleine Leila zeigt den Eltern, dass diese „Unordnung" eigentlich eine „andere Ordnung" ist.
2. Kinder lernen abstrahieren im konkreten Bezug: Die Farben sind die Farben der Gemüse für den Salat.

3. Dank der Phantasie kombinieren sie mehrere Ebenen: das Optische, den Geschmack, das Gastronomische.

– *„Meine Kinder essen so gern Blumenkohl, hast du etwas Weißes? Kann ich das nehmen?" (sie zeigt auf eine weiße Blume in der Diele).*
– *„Ach nimm doch diese!" (eine Rose aus dem Trockenstrauß)*
– *„Das ist doch nicht weiß! Meinst du Rotkohl? Das passt nicht zu Salat!"*

Die Mutter merkt, dass sie einen Fehler gemacht hat – die weiße Seidenblume war ihr zu wertvoll:
– *„Gut, dann nimm die!"*

Hier wäre es möglich, auf das Sprachspiel einzugehen: etwas Rotes, Rotkohl. Kinder erleben Sprache sehr intensiv und spielen damit, wie sie mit Bauklötzen spielen. So gehört Denken zu ihrem Sein, sie denken immer, indem sie sind; sie empfinden es zuweilen als sehr anstrengend:
– „Immer bewegt sich was in meinem Kopf. Kann man nicht machen, dass es aufhört?", sagte ein achtjähriges Mädchen.

Der marokkanische Schriftsteller Tahar Ben Jelloun nahm diesen Gedanken auf in dem Bild: In seinem Roman „Sohn ihres Vaters" spricht er von der Sehnsucht, seinen Kopf ablegen und ihn auf einem Samtkissen ruhen lassen zu können. Kinder empfinden auch schon diese Müdigkeit durch das Zuviel-Denken.

Auf jeden Fall brauchen Kinder Ruhe zum Denken. Auch wenn sie die wunderbare Gabe besitzen, sich nicht ablenken zu lassen, sollten Eltern sich bemühen, ihnen diese Ruhe zu gewähren, ihnen „Langsamkeit" zuzugestehen. Kinder reflektieren auch über die Bedingung des Denkens, wie in folgender Situation klar wird:

An einem regnerischen Nachmittag spielen Leila und ein paar Freunde: „Was trinkt die Kuh?", ein Spiel, in dem es darum geht, schnell und automatisch die gleiche Antwort

„ich auch“ zu geben, so dass das Denken irgendwann ausgeschaltet ist. Patrik regt sich auf:

- *„Jetzt habe ich etwas gesagt, was ich nicht sagen wollte! Etwas ist in mir, das befiehlt über mich, obwohl ich nicht will!“*
- *„Ja, gelt, da kommt man durcheinander im Kopf“, sagt Kathrin.*
- *„Der Mensch macht immer einen Fehler“, meint Sebastian*
- *„Aber ich habe doch total aufgepasst“, sagt Patrik, „bei diesem Spiel fällt man immer wieder rein.“*
- *„Man fällt rein, weil man sich nicht mehr halten kann, es geht zu schnell. Schnelligkeit verträgt sich nicht mit denken. Da muss man immer und kann nicht mehr wollen.“*

Bei den letzten Worten kommt die Mutter herein; es ist schön: Ein Gespräch hat sich entwickelt, scheinbar sehr ergiebig; die Kinder scheinen ausgeglichen: Ist es nicht das Ziel, dass eines Tages solche Gespräche ohne einen Erwachsenen ablaufen!

Besser hätte man nicht den Denkprozess beschreiben können.

Die Kinder wissen nun, dass Denken eine Aktivität ist, die sich in uns abspielt und auf komplizierter Weise aus den Bausteinen, die uns die Außenwelt liefert, eine wunderbare eigene Welt zusammenbaut, eine Welt, die aus der Begegnung vom Ich mit dieser Welt entsteht. Nun kann die Reise weitergehen, kann diese Welt mit all ihren Schattierungen ertastet, erfühlt und gedacht werden.

4. „Mama, schau, ein Edelstein, da auf der Straße!" Die Begegnung mit den Elementen: der Mond, die Sonne

1. Begegnung mit dem Stein – das Anorganische

Kinder lassen die Welt neu entstehen, indem sie ihr tatsächlich begegnen, die äußere Realität in ihren Blick aufnehmen und ihre Beziehung zu ihr aussprechen oder, wie Martin Buber sagt, „das Grundwortpaar Ich-Es aussprechen"; sie geben ihr dadurch einen neuen Bestand. Wie Künstler erschaffen sie die Welt immer aufs Neue.

An einem frühen Morgen geht die Mutter mit den Kindern einkaufen. Leila, die Älteste (vier Jahre) läuft neben dem Kinderwagen, in dem die kleine Schwester (sechs Monate) schläft, während der kleine Bruder (anderthalb) neben der „großen" Schwester hertrottet. Wie so oft hat die Mutter es eilig: Es soll alles „erledigt" werden, bevor die Kleine gestillt werden muss! Die zwei Älteren laufen langsam, wie Kinder es tun – nicht weil sie nicht laufen können oder möchten, sondern einfach weil es so viel Interessantes gibt auf dem Weg. Plötzlich hält Leila – die große – die Mutter am Rock fest – sie sind erst am Gartenzaun angelangt:

- *„Mama, schau, ein Edelstein, da auf der Straße!"*
- *„Leila, wir müssen uns beeilen! Außerdem gibt es keine Edelsteine einfach so auf dem Bürgersteig."*
- *„Aber du hast doch gar nicht hingeschaut!"*
- *„Ich weiß es doch; komm, du zeigst mir alles nachher, wenn wir mit allem fertig sind."*
- *„Dann ist der Stein vielleicht nicht mehr da. Mama, schau doch mal!"*

Wie schön, dass Kinder so beharrlich sind! Sie wissen genau, dass die Dinge in der Zeit sind, nur in dieser Zeit, und nur in diesem Augenblick erlebt werden können! Die Mutter spürt, nun ist Folgendes wichtig:

1. Das Kind „aktiv“ sein zu lassen, d. h. es zulassen, dass Kinder uns aus unserem „Routine-Schlaf“ (was ich alles tun muss!) herausholen und uns helfen zu SEHEN, denn das ist der Beginn des Philosophierens. Die Kleine hatte recht: Der Augenblick kehrt nie wieder, vor allem nicht der Augenblick dieses Zusammenschauens.
2. Die Rollen sind plötzlich vertauscht: Das Kind ist hier der Meister.
3. Das Anorganische (der Stein), das so sehr vernachlässigt wird, kommt hier zu Ehren und wird neu entdeckt. Damit reiht sich auch dieses Gespräch in das philosophische Bestreben von Anbeginn: die Vorsokratiker (625–469 v. Ch.), diese Philosophen vor Sokrates, die auf ihrer Suche nach dem Anfang von allem auf die Elemente stießen als dem Ursprung aller Dinge.

Auf jedem Falle entscheidet sich die Mutter anzuhalten und sich diesen „Edelstein“ anzuschauen. Natürlich kein Edelstein, aber im Lichte der Morgensonne glänzt und strahlt er wunderschön. Er ist einer von diesen bescheidenen, hellgrauen Straßensteinen, die irgendwelche Kristalle an ihrer Oberfläche zeigen, so dass sie das Licht besonders schön aufnehmen. Sie freut sich nun auch über diese „Entdeckung“, voller Dankbarkeit ihrer Kleinen gegenüber, die sie in ihrem Alltag etwas Besonderes entdecken ließ.

- *„Du hast recht, er ist wirklich schön, obwohl es ein einfacher Stein ist.“*
- *„Schau mal, jetzt glänzt er nicht mehr. Woher kommt der Stein? Vielleicht hat er schon ganz lange gelebt und ist ganz alt ... er hat sogar Falten und ist grau ... Mama, was ist da drin?“*
- *„Vielleicht sieht er drinnen so aus wie außen.“*

– *„Das glaube ich nicht: dann wäre es das Gleiche, Innen oder außen."*

Der alternde Stein, der Stein mit seinen Falten ... Die neuen Ergebnisse der Naturwissenschaft sagen, dass nicht nur das Leben, sondern alles Seiende Bewegung ist. So hat der Stein tatsächlich eine Geschichte, wie es die kleine Leila richtig spürt. Sie holt sich den Stein, befühlt und betastet ihn, als würde sie dadurch den Spuren der Zeit an seiner Oberfläche nachgehen in einer Art Zeitlosigkeit.

Der Stein und seine Geschichte ...
a. Wir haben eben gesehen, dass Kinder das Wort „nachher" nicht verstehen: Sie leben im Augenblick und die Mutter muss sich den Stein sofort anschauen. Diese Ungeduld der Kinder wird oft gedeutet als eine Unfähigkeit, mehrere Zeitspannen zu überblicken. Wäre es aber nicht möglich, dass Kinder noch ein Gefühl haben für den Zeitaspekt, für den die Griechen ein Wort hatten: den „kairos", d. h. den „günstigen Augenblick", der unwiederholbar ist, den man nicht verpassen sollte? Wenn Kinder uns etwas Wesentliches mitzuteilen haben, dann eben diese uralte Weisheit: Der Augenblick ist die einzig existierende Zeitdimension; wie könnte man so töricht sein und vergessen, auch dort – im Augenblick – zu leben? Unsere europäische Kultur lebt die Zeit meist linear: Jetzt kommt das Einkaufen, dann das Kochen und dann vielleicht das, was vor zwei Stunden eigentlich war: der Stein in der Morgensonne, der in diesem Augenblick seine Geschichte erzählt.

b. Der Stein, das Anorganische, übt diese große Anziehungskraft auf das Kind vielleicht gerade wegen der Dimension der mit dem Gefühl des ewigen Augenblicks verbundenen Zeitlosigkeit aus. Der Stein ist für Kinder fast reines Sein („der Rest von allem, was ist", wie ein achtjähriger Junge einmal sagte). Kennen wir nicht auch dieses wunderbare Gefühl? Auf dem heißen Felsen liegen ... auf der Wiese liegen ... die

Erde unter sich zu spüren ... ein Gefühl von Geborgenheit, Sicherheit, Vertrauen, Teilhaben an Ewigkeit in einer Zeitlosigkeit, Stillstehen der Zeit? Diese für uns so raren Geschenke sind der Nährboden der Kinder. Lassen wir ihnen diesen Schatz, so haben sie einen Reichtum, der sie ihr Leben lang tragen wird – und an dem wir auch teilhaben dürfen.

2. „Sonne, Mond und Sterne ...", Feuer, Brand ...

Sonne und Mond, die ältesten Symbole der Weltkulturen, Gestalten von Religionen und Mythologien, Bilder der Philosophien. Die Kulturen unterscheiden sich vielleicht sogar in ihrer Nähe zu dem einen oder dem anderen Gestirn. Vor dem Islam herrschte in diesen Kulturkreisen eine Mondreligion, die der Prophet Mohammed verdrängen musste, doch das Symbol des Mondes existiert dort immer noch. Die abendländische Kultur dagegen scheint mehr vom Symbol der Sonne beherrscht zu sein: Im Denken Platons ist die Sonne das Sinnbild für die höchste Idee; sie ist gleichzeitig das Wahre, das Gute, das Schöne. Wenn die Sonne so sehr das Symbol des Höheren ist, dann muss sie auch Symbol des Guten an sich sein. Kinder sind fasziniert von den Gestirnen und ahnen ihre Bedeutung. So wie sie beim Nachdenken über das Anorganische zu einem Gefühl des Zeitlosen gelangen, so gelangen sie hier zu einem Gefühl des Ortlosen und der Einheit der Gegensätze (männlich oder weiblich: die Sonne/der Mond).

An einem schönen Sommerabend steht Regina am Fenster mit der kleinen Catherine auf dem Arm, ihrer Nichte (vier Jahre). Über den Baumkronen im Garten steht der Mond so ruhig am Himmel, wie umhüllt von kaum zu ahnenden leichten Wolken. Catherine zeigt auf den Mond:

– *„Regina, la lune" (französisch „der Mond"; Catherine hat eine französische Mutter; für sie ist „der" Mond „la" lune, also weiblich).*

- *„Ja, der Mond", wiederholt Regina.*
- *„Aber ‚la lune', das ist eine Frau; schau, sie (der Mond, für sie) lacht wie die Mama, mit ihrem Haar."*
- *„Der Mond kommt immer abends mit der Nacht und mit den Träumen. Er ist stark und wacht über uns."*
- *„Die Mama ist auch stark, aber nicht so wie der Papa. Da! une étoile!" (ein Stern, deutsch männlich; französisch weiblich)*
- *„Ein Stern! Aber es ist der gleiche Stern, der Stern oder une étoile! Deine Mama kennt sicher ein altes Lied: Maman est une étoile . . ." (Mama ist ein Stern).*

Mal weiblich, mal männlich, je nach Sprache wechseln die Gestirne am Himmel ihr Geschlecht. Das Kind ist noch klein, jedoch hellwach bei diesem Spiel mit den Sprachen. Für die kleine Catherine wird der Mond nie mehr nur „la" lune sein, sondern auch „der" Mond, der mit ruhiger Kraft über das Schlafen der Menschen wacht. Also ist der Mond sowohl stark wie der Papa (für manche Kulturen ist er vor allem dies), wie auch sanft und sicher wie die Mama. Catherine ist kein Einzelfall in unserer Zeit des Multikulturellen, in der viele Kinder in zwei Kulturen aufwachsen, ohne sich oft dieses Reichtums bewusst zu werden – dies könnte auch eine Aufgabe des Philosophierens mit unseren Kindern sein. Und bei dem Geschlecht der Wörter fängt es an. Der französische Philosoph Gaston Bachelard (1884–1962) hat über das Geschlecht der Wörter reflektiert und dessen Bedeutung. Wenn also der Stein in seiner Zeitlosigkeit eine unerschütterliche Beständigkeit gewinnt, so bekommen diese kosmischen Gestirne eine Aura von Ortlosigkeit – und demnach auch Beständigkeit –, dadurch dass sie beim Vergleich der Sprachen jenseits von „der" oder „die", jenseits von jeder Geschlechtlichkeit stehen. Hier bei der kleinen Catherine ist dieses Bewusstwerden ein Schaukeln von einer in die andere Sprache, von einer in die andere Welt. Später, mit der achtjährigen Leila, kann die Reflexion abstraktere Züge annehmen:

An einem sehr heißen Sommertag:
- *„Schade, die Sonne hat diesmal fast alle Blätter verbrannt“, sagt die Mutter besorgt, als sie in der Mittagszeit sich die Planzen auf dem Balkon anschaut; „hoffentlich schafft es der Hibiskus noch!“*
- *„Warum ist die Sonne so bös, Mama? Du hast doch mal gesagt, dass wir die Sonne brauchen zum Leben, dass die Pflanzen sich immer zum Licht drehen.“*
- *„Die Sonne tut nicht immer gut. Manchmal ist sie stark und brennt.“*
- *„Die Mutter von Catherine“, denkt Leila nach (der kleinen Halbfranzösin), „die sagt immer ‚le‘ soleil, das find’ ich nicht schön!“*
- *„Warum gefällt es dir nicht?“*
- *„Weil dann die Sonne immer stark ist und weh tut.“*
- *„Also müsste man mal ‚le soleil‘, mal ‚die Sonne sagen“, schlägt die Mutter vor.*
- *„Ja, dann wäre es ganz, ganz richtig!“, meint Leila zufrieden. „Weil doch die Sonne mal gut tut, mal verbrennt. Bei uns hat es mal gebrannt, da war ich noch ganz klein (vor zwei Jahren, erinnert sich die Mutter), es war doch nachts und das Feuer war am ganzen Himmel. Es war ganz wild und hat geschrieen. Aber das Feuer, das machen die Menschen, und die Sonne, die ist wie Feuer. . .“*

Leilas „große“ Freundin, Veronika (sie ist schon zehn!), die im Wohnzimmer mit einer Zeichnung beschäftigt war, hat die letzten Wortfetzen mitbekommen und stürzt auf den Balkon zu Mutter und Tochter und ruft:
- *„Die Sonne ist auch Feuer . . .“*
- *„Die Sonne ist ein glühender Planet“, ergänzt die Mutter, „Sonne wie Feuer können wärmen und verbrennen.“*
- *„Dann machen also die großen, wichtigen Dinge mal das und dann das Gegenteil davon“, meint Leila. „Gehen wir rein. Hier ist es so heiß!“*

Alle drei suchen Zuflucht in der Wohnung. In dem kühlen Raum ist es so angenehm. Früh schon hat die Mutter die

Rollläden heruntergelassen – und nun können die drei eine angenehme Frische genießen. Alle werfen sich auf das Sofa. Auf dem Tisch ein prächtiger Sonnenblumen-Strauß erinnert an die Helligkeit von draußen und an die Sonne.

– *„Hier ist es schön“, seufzt Veronika. „Jetzt kann uns die Sonne nicht mehr kriegen.“*
– *„Wir haben uns vor ihr versteckt“, sagt Leila. „Irgendwie ist die Sonne gemein, find' ich: sie will überall hin und lässt uns nicht im Dunkeln, sie zeigt einfach alles.“*
– *„Im Dunkeln ist es schön“, sagt Veronika weiter, „weil . . . da kann man Geheimnisse haben . . . da kann man sich Geheimnisse erzählen . . . und Träume . . . und Dinge, die man machen möchte.“*
– *„Ja, Träume leben im Dunkel, und die Gedanken, die entstehen auch erstmal im Dunkel“, fasst die Mutter zusammen.*
– *„Deswegen ist der Mond besser als die Sonne: Der Mond verjagt nicht die Nacht“, meint Leila.*
– *„Soll ich euch eine Geschichte erzählen?“, fragt die Mutter, „eine Geschichte, die sich die Menschen erzählt ha-*

ben und die genau zeigt, wie beides wichtig ist: das Helle und das Dunkle . . ."

Beide haben es sich schon auf der Couch gemütlich gemacht und warten gespannt.

Helios, so heißt der griechische Sonnengott, der alles sieht und weiß, aber keine Geheimnisse für sich behalten kann. Jeden Morgen werden sieben Pferde vor den Sonnenwagen gespannt, und Helios begibt sich auf seine Fahrt über den Himmel. Aus den Pferdenüstern sprühen Flammen, der ganze Wagen strahlt Wärme aus. – Der Sonnengott hatte einmal eine Geliebte, Klythia. Doch er hatte die anderen Götter so sehr geärgert, indem er ihre Geheimnisse weitererzählte, dass diese ihn straften, indem sie ihn zwangen, Klythias Schwester zu lieben. Klythia war so traurig, dass sie sich auf den Boden legte zum Sterben. Doch stellt euch vor, ihre Liebe zum Sonnengott war so groß – und wie sollte man die Sonne nicht lieben? –, dass aus ihr eine Sonnenblume wuchs. Und das ist die Geschichte der Sonnenblume und des Sonnengottes.

- *„Ich find' die Geschichte ganz schön", sinnt Veronika nach. „Vielleicht sind alle Blumen in der Vase die Kinder von . . . wie heißt er noch? Helios, . . . ja von Hélios und der Klythia. Die Mama und ich, wir haben Sonnenblumenkerne in die Erde gesetzt und dann sind ganz schöne Sonnenblumen rausgekommen. Ich find', Kerne sind Geheimnisse."*
- *„Aber es ist doch kein Geheimnis: Man weiß, dass eine Sonnenblume rauskommt!"*
- *„Trotzdem: du weiß nicht, ‚wie' sie rauskommt und sowieso: du weiß nichts, weil sie (die Sonnenblume) nicht da ist."*
- *„Meinst du, dass Nicht-da-Sein immer im Dunkeln ist?", fragt die Mutter.*
- *„Ja", gibt Veronika zu. „Und dann ist es ein bisschen mehr, wenn die Sonnenblume da ist, auch besser."*
- *„Als was?", erkundigt sich die Mutter.*
- *„Ja, eben als wenn sie noch im Kern ist." Veronika hat recht.*

– *„Und dann zeigt auch die Geschichte, dass die Sonne lieb ist, denn ohne die Sonne wäre die Sonnenblume gar nicht rausgekommen. Die Sonne ist also stärker als der Tod: Klythia wollte doch sterben.“*
– *„Also bedeutet Sonne Wärme, Liebe und Unsterblichkeit“, fasst die Mutter zusammen.*
– *„Leila, spielen wir weiter?“*

Das Gespräch sollte noch ein Nachspiel haben: Später zeichnete Veronika zwei Bilder: Helios und sein Sonnenwagen und die Geschichte der Klythia. Solche Bilder entstehen entweder sofort nach einem spannenden Gespräch oder aber viel später, wenn die Emotionen ruhiger geworden sind.

Die Beschäftigung mit den Mythen regt immer Kinder zum Malen an. Der Mythos entspricht ihrer Freude am offenen Denken, am Ausprobieren, und so wie der Mythos ein lebendiges Bild ist mit unendlichen Perspektiven, so spüren Kinder gleich den Drang, zu Farben und Linien greifen, um den Mythos zu einem Bild werden zu lassen.

Doch was ist ein Mythos? Es ist eine Geschichte, die symbolischen Wert hat, also eine Botschaft überbringen möchte, die sich in Begriffen schwer fassen lässt. Platon hat sich des Mythos bedient, um seine wesentlichsten Gedanken zum Ausdruck zu bringen. Er hat Mythen selber gedichtet – und Kinder sind fasziniert von Platons Mythen; sie verstehen sie auch – wenigstens zum Teil – ganz spontan. Doch bieten die Mythen der Völker – für uns in Europa vielleicht vor allem die griechische Mythologie – eine unendliche Quelle an nicht nur interessanten, sondern auch poetischen Mythen, die wir den Kindern nicht vorenthalten sollten – wie hier der Mythos von Helios, dem Sonnengott, oder Mythen, die sich um den eigenen Vornamen ranken, wie der Mythos vom Labyrinth. (s. Literaturhinweise)

Das Spiel mit der Sprache – mit den Sprachen – kommt diesem „offenen Denken" entgegen. Der Mond/la lune, die Sonne/le soleil. Irgendwie scheinen diese Gestirne jenseits von jeglicher Geschlechtlichkeit zu sein und somit ortlos. Die Unterscheidung durch die Sprache – männlich hier, weiblich dort – bringt dem Kind die gegensätzlichen Aspekte dieser kosmischen Gestirne nahe und vermittelt ihm dadurch ein Gefühl für deren negative und gleichzeitig positive Seiten, ein Gefühl auch für die Aufhebung dieser Gegensätze: Die Sonne ist männlich und weiblich zugleich, Vater und Mutter und gleichzeitig weder das eine noch das andere. Und dies gilt für alles Jenseitige (Geist, Transzendenz, Gott). Man kann sie nicht genug mit anderen Sprachen bekannt machen oder dem ganzen Reichtum ihrer Zwei- oder Mehrsprachigkeit. So werden sie schnell die Richtigkeit von Heideggers Satz erfahren und verstehen:

„Die Sprache ist das Haus des Seins", d.h. unsere Existenz kleidet sich in der Sprache, sie lebt in und von der Sprache. Und wenn Deutsche von „der Sonne" sprechen, so ist es ein anderes Lebensgefühl, als wenn Franzosen von „le soleil" sprechen.

Es ist ein spannendes Abenteuer, mit den eigenen Kindern einfach zwischendurch durch das Labyrinth der Sprache zu wandern wie durch einen Klangpalast, der das Sein in verschiedenen Schattierungen erstrahlen lässt – das Sein . . . oder die Wirklichkeit.

Drei Uhr nachmittags. Mutter und Kinder sitzen in der Küche um eine heiße Schokolade und ein paar Schnitten.

– *„In Wirklichkeit ist es fast wie abends", sagt Eric (acht Jahre) . . . (es ist ein besonders trüber Tag, an dem die Sonne sich nicht zeigen will).*
– *„Wirklichkeit . . . Wirklichkeit . . . wirkt . . . Wirklichkeit . . . wirkt die Wirklichkeit? Komisch! Die Wirklichkeit, das ist doch das hier . . . das kann doch nichts tun . . ."*
– *„Stimmt", meint Leila, scheinbar nebenher. „Wirken heißt doch ‚tun'. Hat es was miteinander zu tun, wirken und Wirklichkeit, Mama?"*
– *„Anscheinend, es klingt gleich; in ‚Wirklichkeit' steckt ‚wirken'; das ist eigenartig!"*
– *„Aber die Dinge tun doch nichts; sie sind einfach da", sagt Leila.*
– *„Doch sie tun was: Man muss sie immer sehen; außerdem, ich weiß: sie wachsen, die Bäume und so . . ."*
– *„Aber doch nicht alles; nicht der Stein . . . und die Stühle jedenfalls nicht . . . es ist auch egal; Hauptsache, es ist alles da!" (Leila ist doch eine wahre Pragmatikerin, ihren Gedanken greift die Mutter gleich auf.)*
– *„Leila hat recht, denke ich!", bestätigt die Mutter. „Es ist wahr, dass die Dinge ‚da' sind und sie betont das ‚da', und das ist auch schön, auch gut. Aber Eric hat auch recht: Die Dinge ‚tun' auch etwas. Und wenn es einerseits reicht, dass die Dinge ‚da' sind, so ist es auch schön, dass sie zu uns ‚sprechen', findet ihr nicht?"*
– *„Manchmal denk' ich mir", sagt Eric, „dass alles nur da ist, wenn wir es sehen; vielleicht ist nichts da, wenn ich schlafe."*
– *„Siehst du, jetzt überlegst du nur, ob alles da ist, wenn du schläfst und merkst nicht, dass es einfach da ist", erwidert Leila.*
– *„Aber dann ist es doch so, dass die Dinge immer sagen müssen: Hallo, ich bin da. Kriege ich noch eine Schnitte mit Nutella?"*

Einige Bemerkungen:

1. Die Rolle der Eltern ist sehr bescheiden, denn ein solches Gespräch hat seine Eigendynamik, dennoch ist die Mutter hier unentbehrlich: Sie gibt den Rahmen, greift das auf, was Impuls sein kann; sie weiß vielleicht, wo Informationen zu finden sind (Wörterbücher, Lexika, Kinderbücher ...).
2. Kinder lieben Wörter, auch Wörter, die sie nicht verstehen, die sie noch nicht kennen, mit denen sie sich spannende Assoziationen ausdenken. Mit ihnen kann man auf die Suche nach deren Bedeutung gehen. Es geht nicht darum, eine Definition zu finden, sondern das Wort sich enthüllen zu lassen, damit das Sein in seinem ganzen Reichtum sich uns schenkt. Zusammen wird dann eine gemeinsame Definition produziert:

Wirklichkeit ist das, was ist. Doch das was ist zeigt sich als etwas Handelndes, es wächst, hat eine Geschichte und, vor allem, sagt „Hallo, ich bin da!"

Eventuell wäre es möglich, dies nochmals dem Kind zusammenfassend in eine konkrete Situation einzubetten.

3. Die Erde und das Träumen vom Ausruhen ...

Der Erde sind Kinder im wahrsten Sinne des Wortes sehr nah und sie lieben diese Erde: sich einbuddeln im Sand am Strand, Dinge einbuddeln, sich auf die Erde legen und dem „Lied von der Erde" zuhören, denn Erde ist nicht das Nichts, sondern die Lebendigkeit des Sich-Vorbereitens, der Hort der Möglichkeiten.

Eines Tages wundert sich der Babysitter der kleinen Marie über die Gewohnheit ihres Babysitter-Kindes und spricht die Mutter an:

– *„Marie steht immer, immer vor einem Baum; sie sagt, gleich kommt der ‚weiße Hase' aus dem Baum und hat* *etwas Wichtiges zu sagen." Eigentlich sei er sehr beschäftigt und schaut immer auf seine Uhr . . . Und sie redet dann stundenlang mit ihm; „stimmt's mit dem ‚weißen Hasen'?", fragt etwas ängstlich das junge Mädchen.*

Die Mutter lächelt verständnisvoll: Sie kennt ihre kleine Marie, die die Geschichte von „Alice im Wunderland" immer wieder hören muss und sie auch spielt. Tief in der Erde befindet sich die Behausung des „weißen Hasen", der mit Alice über seine Geschäfte redet. Viele Gänge führen immer tiefer in die Erde; dort in dem Mittelpunkt der Erde ist alles Ruhe und Geschäftigkeit – Ruhe und Geschäftigkeit, Gegensätze, die zusammen gehören in einem Ganzen; für die Kinder stellt es kein Problem dar. Kinder spielen gern „Häschen", ein Spiel, das sich in dieser Polarität abspielt: Hasen leben in der Ruhe der Erde, zeigen jedoch eine heftige Geschäftigkeit. In der Begegnung mit der Erde lernen Kinder diesen ganzen Bereich der Möglichkeit, des Im-Keim-Sein, des Sich-Vorbereitens auf . . . Ein Raum der uns heutigen Erwachsenen weniger bekannt ist – in Europa zumindest. Wir sehen hier, wie wichtig es ist, Kinder ihre Gedanken spielen zu lassen. Aus dieser Perspektive ist folgende Situation verständlich:

Die kleine Anna (drei Jahre) hat den Tod der heißgeliebten Urgroßmutter erlebt. Am Grab bei der Beerdigung schenkt ihr jeder eine Blume mit ins Grab; Anna weigert sich, denn die Blume „lebt noch": Die Großmutter lebt nicht mehr; so darf die Rose nicht zu ihr. Es ist also hier keine Angst vor dem Tode: Kinder haben keine Angst vor dem Tod, denn Leben und Tod wohnen beieinander für Kinder. Es geht hier mehr um ein Ordnen von Dingen: Lebende Dinge soll man nicht zu nicht-lebenden Dingen tun.

Die Begegnung mit den Elementen ist also eine ganz eigentümliche für die Kinder, eine sehr wichtige, denn sie ist in gewisser Weise die Begegnung mit dem reinen Sein. Die Begegnung wie mit einem Urstoff, die Begegnung mit der eigenen Geschichte vor der Geschichte. Wasser ist auch das Urelement, in dem das Kind vor der Geburt sich bewegt hat. Die Begegnung mit den Elementen ist eine Begegnung:

- mit dem Zeitlosen und also mit dem Ewigen, mit dem Augenblick;
- mit dem Geschlechtslosen und damit Ortlosen (über die Sprache kann es das Kind sehr gut spüren);
- mit dem Beständigen;
- mit dem „Gleichgültigen" im Sinne von Albert Camus: das Nicht-Wertende; weder das Sein noch das Nichtsein sind besser, denn sie sind aufgehoben in einem Sein-Können. Das können Kinder so gut: sowohl Ruhe wie auch Geschäftigkeit sein lassen, da sie alles aus der Perspektive des Sein-Könnens betrachten.

Somit sind Kinder Meister der Zeit. Ihrer Begegnung mit der Zeit wollen wir uns nun zuwenden.

5. „Die Zeit ist wie eine Schere!" – Das Rätsel der Zeit

1. Wer hat die Macht, die Zeit oder Ich? Zeit: das Nacheinander

Wie wir gesehen haben, erleben Kinder die Zeit als Präsenz im Augenblick, so dass der Augenblick ihnen ein Gefühl von Zeitlosigkeit vermittelt. Später entdecken sie andere Dimensionen der Zeit, was nicht bedeuten muss, dass dieses Erleben des Augenblicks und also die Dimension des „kairos" (des „günstigen Augenblicks") ihnen abhanden gekommen ist. Im Nimmerland (in dem Reich von Peter Pan und der ewigen Kindheit) gibt es keine Uhren und also keine Zeit . . . oder eine andere Zeit. Uhren bedeuten Zeit, und Zeit im Sinne von Nacheinander bedeutet Einschränkung der Freiheit und der Phantasie, wogegen die natürliche Zeit – wie zum Beispiel bei „Peter Pan" – der Freiheit nicht widerspricht. In der Zeitlosigkeit des Augenblicks können Kinder ihr Allmachtdenken – ihr magisches Denken – voll ausleben. Doch irgendwann müssen sie auch die anderen Dimensionen der Zeit erfahren.

Die kleine Cecile, nun acht Jahre alt, schaut sich nostalgisch eines ihrer Lieblingskinderbücher „von früher" an. Nicht nur Erwachsene denken an die Vergangenheit zurück; selbst achtjährige Kinder kennen Wehmut und es ist wirklich manchmal rührend, wenn Kinder sehnsüchtig von den Zeiten sprechen, „als ich noch klein war". In diesem Buch geht es um Medor, den Hund, der die Sonne aufgehen ließ. Medor war überzeugt, dass er den Tag ins Leben rief, da die Sonne jedes Mal, wenn er bellte am frühen Morgen, auch tatsächlich plötzlich aufging, bis zu dem Tag, an dem er verschlief und die Sonne natürlich schon da war.

– *„Mama, eigentlich ist Medor ziemlich dumm! Jedes Baby weiß, dass die Sonne allein kommt, dass sie nicht kommt, weil man sie ruft!“*
– *„Du meinst, die Sonne ist unabhängig von uns und kommt einfach immer nach der Nacht. Medor hat nichts mit Sonne zu tun, und trotzdem denkt Medor, die Sonne kommt, weil er bellt!“*
– *„Also, ich find', manchmal könnte man das denken, nämlich dass die Sonne kommt, weil er bellt. Das ist nämlich so: wenn der Medor bellt, dann kommt fast gleichzeitig immer die Sonne, und da könnte man denken, die Sonne kommt, weil er bellt; aber die Sonne kommt nicht, ‚weil‘ er bellt; da müsste er stärker sein als die Sonne, aber das ist er nicht, weil ... einmal kommt die Sonne ohne Medor.“*
– *„Also bei ‚weil‘“, versucht die Mutter, „ist immer ‚Macht‘ da; eines ist stärker als das andere: wenn ich einen Kuchen backe, muss z. B. die Hitze im Backofen so stark sein, dass sie in den Kuchen ‚gehen kann‘; dann kann ich sagen: Der Kuchen backt, weil die Hitze so stark ist.“*
– *„Ja, und weißt du, früher habe ich gedacht: weil ich Hunger habe, da ist alles auf dem Tisch, wenn der Hunger ganz stark ist; aber da war ich noch klein!“*
– *„Und das ist oft passiert, dass du Hunger hattest und da war der Tisch gedeckt.“*
– *„Ja, aber jetzt weiß ich: Manchmal habe ich Hunger und der Tisch ist nicht gedeckt; es ist ein bisschen traurig. Dann ist es so: Ich habe Hunger und dann muss ich warten und dann gibt es Essen. Was gibt es heute zum Essen, Mama? Darf ich mit dir kochen?“*

Diese kleine Situation und das Gespräch erzählen vom Abschiednehmen eines ungetrübten Lebens in der Zeitlosigkeit des Augenblicks, in dem die kleinen Kinder – und das ist das Interessante an diesem Gespräch – eine Art Verschmelzung von Ursache-Wirkung (Kausalität) und Aufeinanderfolgen (Zeitlichkeit) erleben. Cecile hat ein Gespür für Kausalität (Ursache-Wirkung: „weil") und unterscheidet es hier deutlich von Aufeinanderfolgen. Cecile hat also erfahren:

- Aufeinanderfolgen – und also die Zeit – ist unabhängig von den Menschen; es ist immer da und ist unterschieden von Kausalität.
- Es ist im Gegenteil Fließen („es geht immer") und kann nicht durch irgendeine Ursache unterbrochen werden.
- Im ewigen Augenblick verschmelzen das Nacheinander und das Auseinander-Entstehen (Kausalität). Dieses Zeitempfinden beschreibt auch die Welt des magischen Denkens, in dem das Kleinkind ja noch lebt: Es fühlt sich immer als die Ursache all dessen, was es betrifft. Das einfache Nacheinander ist ihnen eher fremd: Es ist die Frucht einer langsamen Errungenschaft. Wie sollte das Kleinkind nicht noch lange „magisch" denken? Hat es doch so lange erlebt, dass auf Weinen zunächst mal „Stillen" durch die Mutter erfolgt und später auf jedem Fall Trösten! Und ist es nicht ein Verhalten, das uns Erwachsenen immer noch sehr vertraut ist – ein Überrest aus dieser Zeit? Fühlen wir uns nicht oft verantwortlich für Dinge, die sich ohne unser Zutun ereignet haben? Vielleicht ist die Ursache eines solchen Verhaltens nicht in einem übersteigerten moralischen Gewissen (Schuldgefühl) zu suchen, sondern in einer Reminiszenz an die ursprüngliche Kinderzeit. Kausalität und Aufeinanderfolgen: immer wieder ein Thema der Philosophen, die Kinder ahnen es.

Cecile erinnert sich nostalgisch an die Zeit „als ich klein war": Hier tritt also ein anderes Problem auf als das vorhin Erwähnte. Nicht nur dass es kein magisches Denken mehr gibt, sondern plötzlich dies Nacheinander. Nun erscheinen ja auch solche Zeitdimensionen wie die Vergangenheit.

2. „Die Zeit, die ist wie eine Schere . . . “ Vergänglichkeit: „Warum ist Weihnachten gleich vorbei?“

„Vor allem hasse ich's, dass Weihnachten gleich vorbei ist!“

Der kleine Eric, der diesen Ärger gerade loslässt, hatte schon immer die Gewohnheit, an solchen Festtagen alle Geschenke so schnell wie möglich hintereinander auszupacken, um vielleicht durch das Füllen der Zeit ihr Fließen zu unterbrechen. Aber Veronika, Leilas Freundin, hat einen „Trick“ gegen die Vergänglichkeit:

- *„Weißt du, was ich dann mache, Eric? Ich mache ganz schnell die Augen zu und habe dann noch ganz lange Weihnachten!“*
- *„Das ist wie ein Bild im Kopf, eine Erinnerung“, sagt die Mutter.*
- *„Und was hat man davon?“, fragt Leila, die Pragmatikerin.*
- *„Sicher, es ist nicht das Gleiche. Nichts ist so schön wie Weihnachten, wenn man es erlebt. Aber eine Erinnerung ist wie ein Bilderbuch“, versucht die Mutter zu erklären. „Ein Bilderbuch kann man immer bei sich haben und man kann es sich oft anschauen – es gibt doch Bücher, die ihr euch immer wieder anschaut. Das gehört dann zur Vergangenheit und diese Vergangenheit ist wie ein Bilderbuch.“*
- *„Ich find' Vergangenheit traurig“, meint Cecile, die an ihre Geschichte mit Medor und dem Sonnenaufgang denken muss, „aber das ist auch schön, bei der Vergangenheit traurig zu sein.“*
- *„Und warum findest du es schön?“, erkundigt sich die Mutter.*
- *„Weil . . . ich weiß nicht mehr, dass ich so gedacht habe . . . ich find's schön, sich dran zu erinnern . . . der Kopf ist ganz schwer von allem! Manchmal denk' ich, es wäre besser, das Schöne kommt nicht!“*

Bei so großer Schwermut ist es schwer zu reagieren. Der Mutter fällt ein Tuareg-Rätsel ein:

– *„Soll ich euch einen Rätsel sagen? Ein Rätsel aus der Wüste, das sich die Tuaregs stellen: Was wünscht sich das Kamel, wenn es endlich vor dem Tor des Paradieses steht?“*
– *„Ich glaub', es freut sich und will gleich rein“, sagt Leila.*
– *„Aber ich glaube, es bleibt lieber vor dem Tor stehen, weil es sich dann immer auf Weihnachten freuen kann.“*
– *„Seht ihr: Man kann sich erinnern, das ist auch schön, oder sich solange wie möglich auf schöne Dinge freuen. An der Zeit kann man nichts verändern, aber man kann unterschiedlich damit leben. Man kann sich auf Dinge der Zukunft freuen, sich an Vergangenes erinnern, alles bei sich wie in einem Fotoalbum behalten.“*
– *„Die Oma, die hat dann ein Riesen-Fotoalbum ...“*
– *„Hat sie auch, viele Fotoalben in ihrem Zimmer, und die zeigt sie immer“, meint die kleine Vierjährige.*
– *„Bist du dumm!“, sagt der große Bruder (sechs Jahre). Die Mama spricht doch vom Fotoalbum im Kopf.“*
– *„Aber sie hat auch recht“, verteidigt die Mutter, „Fotoalben sind auch Filme der Vergangenheit.“*
– *„Ich glaub', Vergangenheit muss es doch geben, sonst wäre alles ineinander und übereinander“, überlegt Eric.*
– *„Meinst du alles, also Vergangenes und das, was jetzt ist und was kommt ...“*
– *„Ich finde, die Zeit, die ist wie eine Schere: die kommt plötzlich und schneidet einfach durch ...“*
– *„Aber was schneidet sie denn durch?“, fragt die Mutter.*
– *„Ja, eben alles, und dann ist plötzlich etwas Vergangenheit und das andere, was noch kommt (Zukunft).“*
– *„Ich möchte lieber wissen, was am Anfang war“, überlegt sich Eric.*

3. Was war am Anfang?

Es ist ein Geheimnis um den Anfang, den Beginn einer Sache, denn es bedeutet gleichzeitig Entstehen. Wir haben gesehen, dass für kleine Kinder das Nacheinander mit dem Auseinander-Entstehen in Verbindung steht, obwohl sie Zeitlichkeit und Kausalität sehr wohl unterscheiden. Wenn es später manchmal schwer auseinander zu halten ist, was nun Zeitlichkeit und was Kausalität ist, so ist es beim „Anfang" einer Sache klar: Hier ist „Anfang" auch „Ursprung" (was auch etymologisch in dem griechischen Wort „arche" = Anfang, Ursprung liegt) und dort muss sich das Wesen einer Sache irgendwie offenbaren. Dort, am Anfang, hat der Grund, woraus etwas entsteht, etwas mit dem Wesen dieser Sache zu tun. Kinder spüren das und sind darum vom „Anfang" fasziniert. Das vorige Gespräch zeigt, dass der Unterschied zwischen dem „wenn" und dem „weil" dem Kind allmählich bewusst wird, dass sie aber trotz ihres Unterschiedes in einer engen Beziehung stehen können, vor allem bei der Frage nach dem Anfang. Der Begriff „Anfang" ist kein rein zeitlicher Begriff, sondern ein Begriff des „was".

Eric (fünfeinhalb) ist schon „groß" ; bald kommt er in die Schule und braucht darum noch unbedingt die Ruhe des Spielens und Nachdenkens in einer Ecke des Wohnzimmers in der Nähe der Mutter. Um ihn herum verstreut einige von diesen prähistorischen Tieren (Drachen, Dinosaurier) – geliehen von irgendeinem Kindergartenfreund. Er untersucht sie, bewegt sie, spielt eigentlich nicht richtig. Unter anderem ist da ein Drache mit Flügeln, Reptilschwanz . . .

- *„Am Anfang waren nur solche Tiere auf der Erde, gell", Mama?*
- *„Diese Tiere gab es tatsächlich zu Beginn der Welt, bevor es noch Menschen gab, das vermutet man. So gab es den ‚Ur-Vogel' und den Ur-Menschen – ‚Ur-' heißt ja immer ‚Anfang' oder der Erste."*

– *„Aber ganz, ganz am Anfang da gab es solche Drachen, die ganz durcheinander waren."*
– *„Ja, es gab Dinosaurier . . . aber wieso durcheinander?"*
– *„Eben weil alles noch nicht richtig getrennt war: Dieser Drache, der kann doch fliegen, und auf dem Boden kriechen . . ."*
– *„Ja, du hast recht, es ist wirklich durcheinander. Und dann wurde alles geordnet: die Vögel in der Luft, die Schlangen auf der Erde . . . findest du's besser so?"*
– *„Ich weiß nicht; ich würde gerne diese Durcheinander-Tiere sehen . . . vielleicht gab es dann auch Durcheinander-Menschen."*

Ein uralter Gedanke, dass der Anfang „Chaos" gewesen sein muss. Die Zeit vor der Geburt stellen sie sich auch manchmal so vor – vorausgesetzt, die Erwachsenen überhäufen die Kinder nicht mit Informationen und lassen sie sich ihre spontanen Erklärungen versuchen. Ein kleines dreijähriges Mädchen sprach immer wieder von der Zeit „als ich in tausend Stücke" war (die Zeit, als sie noch nicht geboren war). Eine interessante Vorstellung vom Anfang als dem Ursprung: Die Elemente sind da, nicht geordnet, auf die Ordnung wartend. Diese zwei Vorstellungen treffen sich: die vom „davor" (Anfang) als „noch nicht geordnet" (zu Beginn unserer Geschichte, dieser Beginn, der auf Kinder eine sehr große Faszination ausübt) und vom „davor" als der Unentschiedenheit der Elemente (vor dem individuellen Erscheinen, Geboren-werden). Es erinnert an die Vorstellung vom „Monstrum", wovon schon die Rede war.

Doch was war wirklich am Anfang?

Der Drache ist noch nicht die endgültig befriedigende Antwort und sie (Mutter und Kind) suchen weiter nach dem, was diesen vielen Unterschiedlichen gemeinsamen ist, so wie die Vorsokratiker auf der Suche nach dem „Urstoff".

– *Was war denn noch vor dem Drachen?"*, *will die Mutter wissen.*

– *„Vielleicht alles drumrum: Luft, Wasser, Erde."*
– *„Ja, aber dann hat es nichts mit dem Drachen zu tun! Irgendwann muss er doch erscheinen!"*
– *„Doch, weil der Drache auch mit Erde und mit Luft zu tun hat! Der fliegt ja und kriecht auch."*
– *„Und du meinst, das war der Anfang: Luft, Erde . . ."*
– *„Ja, und es ist immer noch da . . . früher war es da und dann kam der Drache mit Luft und Erde . . . und jetzt sind Luft und Erde immer noch da! . . . Mama, wir haben das Wasser vergessen! Wasser brauchen wir auch."*
– *„Also können wir sagen: Luft, Erde und Wasser waren am Anfang, weil doch alles daraus gemacht ist, und es ist immer noch da?"*
– *„Ja! Kann der Stephan heute zum Spielen kommen?"*

Die Konsequenz der Kinder, ihre Genauigkeit, gepaart mit dem Visionären ihrer Vorstellungen: So ziehen sie uns in ihren Bann auf dieser Reise, deren Wege nicht vorauszusehen sind.

Ja, Kinder ahnen es: Es gibt einen Zauber um den Anfang von allem, denn dieser Anfang muss auch notwendigerweise die Ursache und das Wesen dieser Sache sein. Für das Kind sind diese prähistorische Wesen vielleicht deswegen so faszinierend, weil sie an ihnen „sehen" können, wie Wesen, Kausalität und Zeit an diesem Anfang zusammenhängen. Ihr Interesse gilt dem Gleichen wie das der Philosophen vor Sokrates: dem Anfang als dem Ursprung.

Wenn also Kinder Melancholie auch kennen wegen des Fließens der Zeit, der Vergänglichkeit, so ist Vergangenheit nicht unbedingt mit Nostalgie verhaftet. Vergangenheit ist hier nur einfach das, was davor war, wie der kleine Andreas (acht Jahr) einmal sagte: „Als ich klein war, da habe ich mir Wissen so vorgestellt . . ." Auf die Frage hin, was er mit „klein" meinte, sagte er: „Ja eben davor . . ." und damit war es ja auch abgetan.

Nostalgie ist also hier eine gewisse Trauer darum, dass bestimmte Ereignisse im „Davor" sind und nicht im „Jetzt" im

Unterschied zur Nostalgie der Erwachsenen, die mit Fixierung (krampfhaftes Festhalten) auf die Vergangenheit verbunden ist – eine Art Untreue der Gegenwart gegenüber. Kinder brauchen sich nicht auf die Vergangenheit zu fixieren:

- Die Vergangenheit ist nicht besser als die Gegenwart.
- Sie wollen also nicht unbedingt die Vergangenheit festhalten. Infolgedessen ist die Vergangenheit in der Gegenwart in gewisser Weise präsent – eine Präsenz voller Leichtigkeit und Klarsicht: So schauen sich Kinder ihre Babyfotos an. Wir kennen doch auch solche Augenblicke – sie sind rar! –, in denen wir unser Sein in seiner Ganzheit spüren – Vergangenes, Zukünftiges in einem wunderbaren Gegenwärtig-Sein. Wahrscheinlich erleben Kinder diese Geschenke des Seins viel öfter als wir. Aber sie können sie uns vermitteln, und das ist das schönste Geschenk, vorausgesetzt, wir lassen uns von ihnen „anstecken".

Wenn wir mit unseren Kindern philosophieren, geht es darum, diese Art von Trauer um das Vergangene zu verstehen – sie nicht als unsere „Nostalgie" zu begreifen, ihr auch mit dieser Leichtigkeit zu begegnen und sie für uns wiederzuentdecken.

4. „Alle Jahre wieder . . ."
Das Wiederkehrende und das Schöne der Rituale . . .

Weihnachten ist nicht nur das Eintreten in das feierlich leuchtende Weihnachtszimmer, dieser Augenblick, der dann gleich wieder vorbei ist. Weihnachten ist auch, wie viele andere Feste, eine Zeit, die alljährlich wiederkehrt und mit ihr die Ruhe und Beständigkeit, die zur Wiederholung gehört. Kinder lieben Rituale, Feste und erwarten, dass sich alles in den kleinsten Details „wie immer" abspielt, wie z. B. eine gewohnte Art, die Krippe zu dekorieren an Weihnachten. Es ist also unnötig, festliche Momente krampfhaft festzuhalten: Sie wissen, dass sie wiederkehren und können die Ruhe im Augenblick auch ganz genießen. In diesen Jahren der großen Veränderung sind die Rituale für die Kinder das, was ihnen zur Sicherung ihrer Identität verhilft. So haben sie die Gewissheit, dass sie die gleiche Person sind ... Feste helfen also, sich wiederzufinden oder, wie der griechische Philosoph Demokrit sagte: „Feste sind wie Gaststätten auf des Lebens Wege" ...

An dieses Zitat erinnerte das Bild am ersten Geburtstag des kleinen Eric. Die Eltern hatten unendlich viele Gäste eingeladen. Er saß dann ganz zufrieden, umgeben von all den Geschenken; die Gäste, groß und klein, gingen um ihn herum und er schaute sich diesen Trubel an mit der größten Ruhe und Zufriedenheit: Er befand sich tatsächlich in einer Gaststätte.

Doch was ist eine Gaststätte? Ein Ort der Ruhe, der Entspannung, der Geselleigkeit, des Austauschs, also eine Zeit der Pause, des Regenerierens, in der die Zeit geradezu stillsteht. Und Kinder sind den Ritualen so nah, weil sie selber der Natur nahe sind; das Leben der Kinder atmet im Rituellen: der Rhythmus der Jahreszeiten mit den wiederkehrenden Festen, Jahreszeiten, die für sie viel mehr sind als Zeichen von Veränderung der Wetterlage und damit verbunden der Notwendigkeit, sich anders zu kleiden, was Kindern oft überhaupt gleichgültig ist. Manche Kinder wollen sich nicht der Jahreszeit entsprechend anziehen: Vielleicht sind sie der Jahreszeit dann noch näher! Wind und Schnee spürt man am besten auf der Haut! Sie „atmen" noch mit der Natur – auch Stadtkinder! Es ist wirklich ein Wunder!

Ein achtjähriges Mädchen schreibt zum Thema Herbst (in der Schule) von ihrer verstorbenen Großmutter, als sei es das Natürlichste von der Welt: So wie die Natur sich auf das große Schlafen vorbereitet, so legt sich auch die Großmutter zum Schlafen in die mütterliche Erde.

Für die Kinder sind die Jahreszeiten „Seinszustände": Mal wird das Sein (die Existenz) als Herbst gelebt mit seinen Vorbereitungen der verschiedenen Seinsmöglichkeiten (die Samen, die man in die Erde pflanzt) oder als Frühling mit dem frischen Aufkeimen.

5. Weihnachtswunschliste und andere Wünsche ...

Was ich alles sein möchte und vielleicht auch bin, das Spiel mit den verschiedenen Ich-Möglichkeiten: davon war schon im zweiten Kapitel die Rede. Es ging um Möglichkeiten, die tief in einem liegen und nur auf Entfaltung warten. Wir haben viel von Gegenwart gesprochen, vom Leben der Kinder in der Gegenwart. Von der Präsenz der Vergangenheit. Hier betrifft das Wünschen nicht das eigene Ich, sondern äußere Dinge. Kinder haben auch Wünsche; sie erleben allerdings die Zukunft, wie sie die Vergangenheit erleben: ohne krampfhaftes Fixiertsein auf die Zukunft, als sei die Zukunft die wichtigste Zeitdimension, wie es für die heutige abendländische Gesellschaft der Fall ist. Kinder haben Wünsche und haben Freude am Wünschen, das auch eine Form des Spielens für sie bedeutet.

Vor Weihnachten ging die kleine Verena (fünf Jahre alt) mit ihrer Mutter in die großen, schon festlich geschmückten Kaufhäuser: Sie sollte sich ihre Weihnachtswünsche schon überlegen. In den Spielzeugabteilungen wurde nicht nur die Lieblingspuppe, die schönsten Puppenkleider ausgesucht, sondern auch gespielt: Für die neue Puppe wurde ein Name gefunden; dann wurde sie plötzlich krank und musste gepflegt werden; vielleicht war dann eine Wärmflasche und anderes nötig. Es nahm kein Ende. Stundenlang wurde überlegt, neue mögliche Situationen ausgedacht. Wenn Mutter und Tochter dann den Laden verließen, war oft schon alles ausgespielt oder zumindest so viele wunderbare, aufregende Situationen durchwandert.

Eine praktische Methode, um Weihnachtsgeschenke zu sparen? Es geht natürlich nicht darum. Egal wie viel von diesen Geschenken die kleine Verena schließlich bekommen hat. Sicher, Wünsche wollen verwirklicht werden. Dennoch wird sie erlebt haben – und nie mehr vergessen – dass Wünschen Spaß macht, dass es ein Spiel mit Möglichkeiten ist und gerade darin sein Wert besteht.

Zusammenfassend also ist Zeit für Kinder vor allem Gegenwart, und dieses nicht nur im Sinne von „günstigem Augenblick“, sondern vor allem sehr verbunden mit einem Gefühl der Freude am Sein. Zeit ist Gegenwart für sie. Auch die Vergangenheit ist immer schon im Augenblick präsent. Kinder sind dem Anfang nah. So scheinen Kinder Nietzsches Satz „Die Mitte ist überall“ auf eine ganz eigene Weise zu leben.

Erinnerung ist für sie ein Bild aus der Zeit „davor“. Sie ist nicht mit dieser Nostalgie besetzt, die der Gegenwart „untreu“ wird. Zukunft und Wünsche sind nicht unbedingt mit Besitzen-Wollen verbunden, denn „die Mitte ist überall“. Das Leben mit den Elementen hat sie gelehrt, was Zeit ist: Der Stein oder das Licht und ihre Zeitlosigkeit sind wie der Maßstab, von dem aus sie Zeit beurteilen. Sie wissen, dass man das Fließen des Wassers nur vom Ufer aus wirklich wahrnehmen kann. Diesen Blick „vom Ufer aus“ sollen wir ihnen helfen zu bewahren. Denn dieser Blick ist es, der auch hilft, andere Kulturen zu „sehen“ und Toleranz zu leben.

6. „Warum reden sie so komisch?“ Andere Sprachen, andere Welten

Freude an der Sprache, Wortspiele, Freude am Sprechen, an Lauten . . . wir haben gesehen, dass Kinder in der Sprache leben, dass für sie Sein nicht zu trennen ist von Sprache, dass sie genau in Heideggers Satz zu Hause sind: „Die Sprache ist das Haus des Seins“. Einfaches Genießen von Sprechen – was zunächst ein einsames Erlebnis sein kann –, aber auch Freude am Austausch, an der Kommunikation über die Sprache. In der Begegnung mit Tieren erleben sie, dass Kommunikation auch schwierig sein kann: Es ist einfach traurig, dass die Tiere, diese Wesen, die ihnen so nah sind, nicht antworten können, nicht sprechen können.

Wir kennen dieses Bild: Das Kind liegt ganz ruhig auf dem Teppich neben der Katze oder dem Meerschweinchen, die Zeit vergessend. Der Blick ist in den des Tieres versunken, forschend, voller Erwartung auch . . . was sagt dieser ruhige Blick des Tieres? Was mag mein Meerschweinchen wohl denken? Wie schön, wenn Domino (die Katze) es erzählen könnte, denn natürlich „denkt“ Domino etwas. Manchmal redet das Kind, erzählt alle möglichen Geheimnisse dem Meerschweinchen, das es mit seinen ruhigen, stillen Augen anschaut, verständnisvoll, doch es bleibt stumm und . . .

– *„Mama, warum redet Ronja nicht?“ (das Meerschweinchen). „Meinst du, sie versteht mich? Ich glaube, sie will etwas sagen und kann es nicht; das finde ich traurig.“*
– *„Bist du traurig, weil sie nicht reden ‚kann‘ oder weil du gerne eine Antwort hättest?“*

– *„Beides: Ich würde mich gerne mit ihr unterhalten . . . und dann find' ich's traurig, dass sie nicht sprechen ‚kann' . . .*
– *„. . . weil sie ein Tier ist?"*
– *„Ja!"*

Oder: Die Geschwister betrachten das Spiel der zwei Katzen, die hintereinander durch die Wohnung rennen . . . sich verjagen? Oder spielen? Beide scheinen sich zu verständigen anhand von Lauten, die sie untereinander verstehen; allein die kleine Miriam versteht das Spiel nicht und fühlt sich sehr machtlos, denn vielleicht müsste sie eingreifen und die eine Katze gegen die „Angriffe" der anderen verteidigen.

Und so ist es eine wahre Entdeckung, wenn Kinder erfahren, dass manche Tiere wie die Delphine eine eigene Sprache besitzen, ein ausgearbeitetes Sprachsystem, das wir Menschen entziffern können. Diese Sprache können sie sogar „hören" auf einer Kassette, die dann für sie zu „ganz schöner Musik" wird, wie ein kleiner Junge sagte, um dann zu überlegen:
– *„Ist unsere Sprache auch so eine Musik?"*
– *„Vielleicht für die anderen, diejenige die sie nicht verstehen", meinte dann die große Schwester.*

So ist „Der Turm von Babel", diese uralte Geschichte aus dem Alten Testament, eine Realität für Kinder.

In diesem Mythos aus der Genesis wird erzählt, wie die Menschen im alten Babylon einen großen Turm bauten, um dem Himmel näher zu sein. Gott gefiel es nicht und er führte den Unterschied der Sprachen ein. Das Unternehmen der Menschen scheiterte dann und es entstanden verschiedene Rassen, die sich auf der Erdkugel verteilten.

Und wie sie von fremden Lauten fasziniert sind, so auch von fremden Schriften, wie die Hieroglyphen z. B., die sie, wie in anderen Völkern, zu ganz neuen künstlerischen Bildern animieren werden.

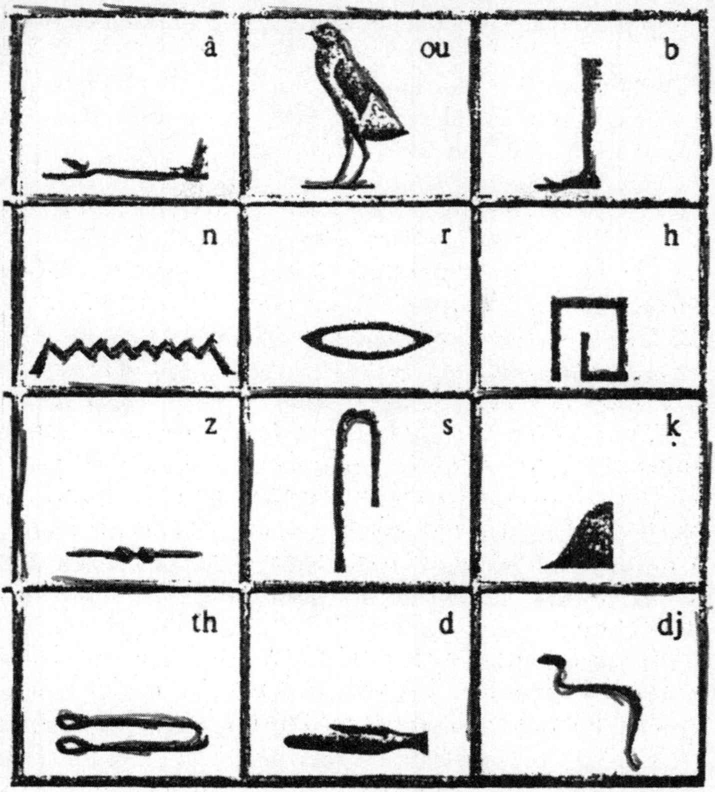

Die Kinder lieben diesen Mythos von der Ursprache, vom Drama ihrer Aufsplitterung in verschiedene Sprachen und, damit verbunden, von der Schwierigkeit der Kommunikation, von der Sehnsucht des Menschen nach der Ursprache, die allen verständlich war und wäre. Es ist die Geschichte der Sprache, die Geschichte von ihrem Entstehen, vom Reden in verschiedenen Sprachen, vom Aneinander-Vorbeireden und davon, wie sehr Sprachen auch trennen können. Es ist die Geschichte von der Sehnsucht nach Einheit. Es ist aber auch die Geschichte einer Sprache jenseits der Sprache und der Wörter, denn:

„Sprechen ist mehr als die Worte", wie ein kleines Mädchen sagte.

Dass hinter den Worten ein Bereich des Nicht-Sagbaren, des Unklaren, des Anderen, der Differenz existiert, das werden sie nach und nach „wiederentdecken" . . .

1. „Warum reden sie so komisch?" „Kannst du nicht normal reden?"

Die Straßenbahn, ein Ort, an dem viele verschiedene Menschen zusammenkommen, – oft dicht gedrängt –, wo das Kind ruhig bei dem Erwachsenen sitzen muss, in Ruhe beobachten kann und natürlich Raum für allerlei Fragen findet. Das Kind beobachtet und es können Situationen entstehen, die nicht immer sehr angenehm für die Erwachsenen sind, denn Kinder stellen ihre Fragen unvermittelt, wertfrei und also „rücksichtslos", ohne Hintergedanken. Gerade darum ist es wichtig, dem Gespräch nicht auszuweichen: Philosophieren heißt, von dem Gegebenen ausgehen und dabei bleiben. Miriam und ihre Mutter fahren mit der Straßenbahn in die Stadt; die Straßenbahn ist voll, viele Menschen, sogar Tiere; darunter eine Gruppe von drei Männern, die eine andere Sprache sprechen.

- *„Mama, warum reden die so komisch?", fragt die vierjährige Miriam, „man kann sie gar nicht verstehen" – und hört den fremden Lauten etwas verärgert zu.*
- *„Aber es klingt doch schön", meint ihre Mutter, die sich etwas wundert, da ihre Tochter zweisprachig aufwächst und also schon sensibilisiert sein müsste für fremde Laute. Natürlich passt diese ausgleichende – einen möglichen Konflikt verhindernde – Bemerkung der Mutter absolut nicht zu der Frage des Kindes: allerlei Gedanken und Gefühle wie: „Was sollen die Leute denken" machen sie unfrei und unfähig, sich ganz auf das Kind einzustellen. Sie fängt sich aber schnell:*
- *„Ja, es ist etwas traurig, wenn man nicht versteht. Vielleicht sagen sie auch etwas Wichtiges."*

– *„Eigentlich verstehe ich die Peanut (das Meerschweinchen) viel besser, obwohl sie nicht sprechen kann ...“*
– *„Vielleicht spricht sie doch zu dir.“*
– *„Ja, ich kenne, wie sie macht, auch wenn ich sie nicht verstehe ...“*
– *„Also ist ‚kennen‘ viel mehr als ‚verstehen‘ und wenn man kennt, kann man auch verstehen, stimmt's?“, versucht die Mutter.*
– *„Wenn ich diese Menschen da kennen würde, dann würde ich sie auch verstehen?“*
– *„Vielleicht nicht alles, aber doch das Wichtigste.“*
– *„Aber ich würde merken, ob sie was Böses oder was Liebes sagen!“*

Wir sehen: Kinder verstehen, indem sie in Verbindung setzen: Die Erfahrung mit den Tieren vergleichen sie mit der Erfahrung mit den Menschen, und das eine hilft ihnen, das andere zu verstehen.

Ein anderes Mal brachte Miriam zwei Schulfreundinnen zum Mittagessen zu sich nach Hause; zwei Mädchen aus dem ehemaligen Jugoslawien – ganz genau: Sie kamen aus Albanien. Nach dem Mittagessen saßen die Kinder noch am Tisch und unterhielten sich:
– *„Unsere Nachbarn zu Hause sprechen eine ganz schlimme Sprache, die verstehen wir nicht!“*
– *„Was ist eine ‚schlimme‘ Sprache?“, möchte die Mutter wissen.*
– *„Sie sprechen eine hässliche Sprache.“*
– *„Wieso hässlich?“, fragt dann Eric, „wie hört es sich an?“*
– *„Die sie sprechen, sind auch schlimm und hässlich und bös'; sie machen Krieg; die Sprache verstehen wir nicht!“*
– *„Vielleicht ‚wollt‘ ihr sie nicht verstehen! Aber ihr lebt doch zusammen und kommt aus dem gleichen Land.“*
– *„Diese Sprache ist bös!“*
– *„Eine Sprache kann nicht böse sein!“, meint Miriam.*
– *„Dann sind eben diese Menschen bös; die machen immer Krieg.“*

- *„Aber dann seid ihr auch bös: ihr ‚wollt‘ die Sprache nicht verstehen!“, vermutet die Mutter.*
- *„Aber wenn ihr ihre Sprache nicht verstehen wollt, dann werdet ihr immer Krieg machen!“, sagt schließlich Miriam.*

Der letzte Satz, käme er von einem Erwachsenen, wäre sicher nicht so einfach hingenommen worden. Für die Kinder gibt es keinen Zweifel: sich weigern, die Sprache des anderen zu verstehen, bedeutet ihm aggressiv begegnen.

Durch die Kinder hören wir natürlich die harten vorgefassten Meinungen der Eltern (es gibt „gute“ und „böse“ Völker). Doch erscheint hier eine andere Perspektive: die Perspektive der Sprache. Die Sprache drückt das Wesen aus; sie ist fast körperhaft. Lehne ich die Sprache des anderen ab, so lehne ich ihn ab. Wie Menschen können Sprachen verzaubern, hypnotisieren oder im Gegenteil wie eine Wunde sein, schmerzhaft. Diesen unangenehmen Auswirkungen begegnet man am besten mit Ablehnung: Dies ist, das wissen wir, die bequeme Lösung! Wie Miriam es tut, ist es wichtig zu zeigen, dass Sprache dennoch ein eigenes Wesen hat, dass sie auch ein Mittel ist, also weder „gut“ noch „böse“. Der Mensch bedient sich der Sprache; er kann mit ihr spielen; sie hat also eine gewisse Neutralität, da sie ein Mittel der Kommunikation ist, und bietet so viele Möglichkeiten, dass der Sprechende eine Auswahl treffen kann. So ist es in der vorigen Situation möglich und sogar notwendig, sich einer Sprache zu bedienen, deren Sprecher als Feind abgelehnt werden, denn Sprache dient der Kommunikation, die allein Hass zu bekämpfen vermag.

Kinder haben also nicht nur „Freude“ an fremden Lauten. Sie müssen sehr früh lernen, dass Sprache auch ein Kommunikationsmittel ist und also viele verschiedene Funktionen haben kann: das Gegenteil vom Gemeinten sagen, Bestrafen durch Nichtverstehen.

- „Kannst du nicht normal reden? Ich verstehe nicht, was du sagst“, sagte ein zweisprachiges Kind zu seiner Mutter, als es von ihr zurecht gewiesen wurde (selbstverständlich verstand es die Sprache der Mutter!).

Über Sprache wird also vieles ausgespielt. Dennoch verliert das Kind wahrscheinlich nie die Vorstellung von der „Körperhaftigkeit" der Sprache und dem Traum von der Ursprache oder einzigen Sprache. Diese Spannung durchzuhalten ist nicht leicht und sie brauchen dafür unsere Hilfe im Gespräch. Diese Spannung ermöglicht ihnen, ein besonderes Gespür für das Non-Verbale, das Unsagbare zu haben: Die kleine Miriam versteht eigentlich ihr Meerschweinchen. Trennende, verfälschende Lüge: alles so ernste Begriffe, so folgenreich. Es wäre doch sehr belastend für das Kind, wenn es nicht aufgehoben wäre in der Leichtigkeit des Spiels. Das philosophische Gespräch sollte die Kinder immer wieder dorthin führen.

2. „Mama, der ist ja ganz schwarz!"

Miriam (vier Jahre alt) fährt Straßenbahn mit ihrer Mutter. Die Straßenbahn ist ziemlich voll. Plötzlich zeigt Miriam auf einen neu eingestiegenen Fahrgast – einen Afrikaner sicherlich, nach der Hautfarbe zu urteilen.

– „Mama, der ist ja ganz schwarz!", sagt Miriam ganz laut.

Die Mutter, völlig erschrocken, errötet . . . widersprüchliche Gefühle bemächtigen sich ihrer – sie hat lange in Afrika gelebt. Wie kommt ihre Tochter zu dieser Aussage? Sie hat ihr doch so oft von Afrika erzählt! Natürlich auch: Was sollen die Leute denken?! Hoffentlich hat es niemand gehört! Doch wie immer wird eine Reaktion erwartet. Sie spürt: Die Kleine strafend anschauen, sie tadeln . . . nein, das wäre nicht die richtige Reaktion. Die Reaktion soll eine angemessene Antwort auf die Aussage Miriams sein. Es geht also darum, ganz bei ihr zu sein, ihre „Sprache" zu verstehen, das Nicht-Verbale vor allem: Eigentlich hat sie nur die Hautfarbe bemerkt, wahrgenommen, mit diesem klaren, erstaunten Blick, den Kinder oft haben; sie hat nur die „Dif-

ferenz" bemerkt, den Unterschied. Indem sie das Andere wahrgenommen hat, hat sie sich wahrgenommen. Und so antwortet die Mutter ganz ruhig:

– *„Ja, er sieht anders aus als wir."*

Das Kind schaut den Mann einfach lange an, die restliche Fahrt, so dass der Mann den Blick auf sie richten muss. Er lächelt das Kind an; es strahlt und zieht die Mutter am Rockzipfel: hinter dem Unterschied ist eine Gemeinsamkeit entdeckt worden und beide können nebeneinander stehen bleiben. Die Mutter atmet auf: Das Gespräch muss nun doch nicht in der Straßenbahn fortgesetzt werden. Doch nach dem Aussteigen:

– *„Der Mann ist ganz lieb!", meint Miriam.*
– *„Und denkst du immer noch, dass er ganz anders ist?"*
– *„Ja, aber er lacht so wie wir, er lacht sogar mehr als du!", meint Miriam.*
– *„Dann ist es ja nicht wichtig, wenn seine Haut schwarz ist?"*
– *„Doch, weil sein Lachen anders ist."*
– *„Und gefällt es dir?"*
– *„Ja! Erst hatte ich ein bisschen Angst, weil es anders ist, aber dann ist es schön."*

Das Strahlen des Kindes bedeutet Selbstfindung, Freude im Ich und beides nur in der Relation zum Anderen. Sagt Martin Buber nicht: „Das Ich wird am Du"? Miriam hat hier erfahren, was „Toleranz" ist – Toleranz nicht in dem so oft vorausgesetztem Verständnis von trockenem Respekt, damit das gesellschaftliche Spiel gut „funktioniert" –, diese Toleranz, worauf unsere abendländische Kultur so stolz ist. Hier hat sich ein Prozess abgespielt, der viel tiefer geht als Toleranz und ohne den Toleranz oberflächlich bleibt: dem Appell des Anderen offen bleiben und ihm Antwort geben. Die Ethik der Toleranz ist eine trockene Ethik, die Kinder wenig anspricht.

Der französische Lebensphilosoph aus dem beginnenden 20. Jh., Henri Bergson, spricht von zwei „Moralen" (Ethiksysteme):

- *Die eine nennt er die „geschlossene Moral" („la morale close"): die Moral, die dafür sorgt, dass die Gesellschaft funktioniert, die aber nur auf ein Gleichgewicht der Kräfte aus ist und also nicht wirklich animieren kann, nicht den ganzen Menschen mobilisieren wird. Es ist die Moral der reinen Pflichterfüllung, die ein gutes „Funktionieren" der Gesellschaft garantiert (hier z. B.: verhindern, dass eine weitere Situation sich ereignet mit gefährlichen Folgen, Aggression).*
- *Die andere ist die „offene Moral" („la morale ouverte"), die auf Emotion, auf Sinn basiert, auf echtem Interesse am Anderen, weil das Ich den Anderen braucht, um überhaupt ein Ich zu sein.*

Das hat die kleine Miriam an dieser Begegnung in der Straßenbahn erlebt; das wird sie auch nie vergessen. Sicher, das Erlebnis an sich ist das Wichtigste; doch bekommt es seine richtige Dimension, wenn es im Gespräch in ein Ganzes eingeordnet wird: Sie hat erkannt, dass es nicht nur ein schönes Sich-Anlächeln war, sondern dass Fremdheit und Nähe gleichzeitig da sein können. Allein kann ein Kind nicht dahin kommen. Das zeigt die nächste Situation:

Leonore kommt aus der Schule zurück (sechs Jahre), völlig verwirrt – die Tränen haben Mühe zu trocknen auf dem kleinen Gesicht.

- *„Was ist denn los, Leonore? Ist etwas in der Schule passiert?" (kaum möglich im ersten Schuljahr).*
- *„Mama, sind alte Menschen böse? Ich habe gedacht, alte Menschen sind lieb . . ."*
- *„Und warum denkst du das?"*
- *„Weil sie viel wissen . . . die alte Frau hat mich mit meinem Fahrrad vom Bürgersteig weggeschupst."*
- *„Warum? Was hat sie gesagt?"*
- *„Ich soll auf der Straße fahren, aber ich darf doch erst mit acht auf der Straße fahren, das hab' ich ihr gesagt."*
- *„Und dann?"*
- *„Sie hat geschimpft und ist gegangen und ich auch."*

Leonore hat wirklich nur Fremdheit erlebt, Aggression und dann Indifferenz. Die Anwesenheit der Mutter hätte ihr die Kraft zu einem fruchtbaren Gespräch gegeben. Sicher, das Gespräch fand dann später statt, doch hat das Gespräch nicht den unmittelbaren Bezug zur Wirklichkeit, es ist ein „Gespräch über das Thema Weisheit", z. B.:

– *„Was meinst du mit ‚alte Menschen sind nicht bös'?"*
– *„Ja, dass sie lieb schauen; sie sind klug und machen richtige Dinge."*
– *„Meinst du, dass sie weise sind?"*
– *„Ja! genau!"*
– *„Und was ist das, ‚weise'?"*
– *„Wenn man viel weiß . . . oder nein . . . nicht genau."*
– *„Dein Klassenlehrer, der weiß doch vieles . . . und ist er weise?"*
– *„Nein!"*
– *„Warum?"*
– *„Weil er sich schnell ärgert, schnell reagiert ohne zu überlegen, nicht immer vernünftig ist."*
– *„Siehst du, mit der alten Frau ist es ähnlich: Sie hat auch nicht genug überlegt."*

Dabei sind Kinder älteren Menschen sehr nah; vielleicht weil beide, das Kind und der alternde Mensch, Anfang und Ende des Lebenskreises darstellen, wie Gauguin es in seinem großen Bild umkreist hat („D'où venons-nous? Que sommes-nous? Où allons-nous?").

Das Fremde ist zunächst immer beängstigend – und das französische „étranger" (fremd) ist nicht von ungefähr dem Adjektiv „étrange" (seltsam) ganz nah. „Fremd" setzt Distanz voraus, setzt Fragen – und das Fremde erlebt das Kind zunächst an der Sprache. Das Annehmen des Fremden ist ein langsamer Prozess; es muss gelernt werden, denn es ist nicht unbedingt natürlich, d.h. es entspricht nicht unbedingt einer natürlichen Neigung. Doch vom fremden Objekt geht eine Kraft aus, die zur Lernbereitschaft animiert: die Faszination, die das Fremde ausübt – die zweite Seite des fremden Objekts.

3. „Ich habe das Reh getötet",

so heißt es in einem Indianer-Gedicht, und so geht es dort weiter: „Ich habe den Grashüpfer erdrückt und die Pflanzen, von denen er lebt . . ." Spontan reagieren Kinder genauso: Können wir uns nicht erinnern, wie wir als Kind über den Tod des Maikäfers geweint haben, ihn begraben haben? Manche Erwachsene haben ihre „Kindesseele" bewahrt, und manche Kulturen lehren uns, dass diese Vorstellung unabhängig von der Entwicklung ist, dass sie zu einer anderen Philosophie gehört: dass also die Vorstellung des Mordes beim Töten eines Tieres nicht zur Phantasie eines noch nicht reifen Menschen (eines Kindes) oder einer noch nicht entwickelten Kultur, sondern zu einer Weltanschauung gehört, deren Wert wiederentdeckt wird. Doch warum ein Gespräch darüber führen mit dem Kind? Reicht es nicht, wenn ihnen diese Erfahrungen zugestanden werden, zu denen sie einen „Drang" spüren? Das Verbale, das Reden darüber, dies alles verfestigt, gibt eine andere Bedeutung und dadurch eine andere Dauer, denn alles Reflektierte gliedert sich in die Ganzheit der Persönlichkeit.

Anais (4 Jahre) ist mit ihren Eltern auf einer großen Fahrt in Nordafrika. Zwischendurch verbringen sie einige Tage bei den Eltern eines befreundeten Nordafrikaners in einem kleinen Ort. Am ersten Morgen schon liegt die kleine Anais plötzlich nicht mehr bei ihren Eltern. Die Mutter sucht sie und findet sie neben der Gastmutter knieend auf dem Gebetsteppich und sich beugend . . . ein wunderschönes Bild der Ruhe, der Versenkung; eine kosmische Einheit von Zeit (die alte Frau und das kleine Kind), von allen Seinsebenen (materiell, geistig und transzendent), von Raum, denn in dem kleinen Raum scheint die raue Welt des benachbarten Atlas anwesend zu sein. Beide haben die Mutter des Kindes überhaupt nicht bemerkt. Sie selbst wundert sich: Das Kind wächst nicht in irgendeiner Konfession auf, vielleicht sogar nicht religiös, aber das traut sie sich nicht zu behaupten. Als sie dann nach dem Beten aufstehen, begrüßen sich alle

drei herzlich und es wird zum Frühstück eingeladen. Später dann, als Mutter und Kind wieder allein sind:
- *„War's schön, Anais?"*
- *„Mama, weißt du, die Sonne ist gerade gekommen und da haben wir zu ihr geschaut, die Mutter von Hassan und ich . . . die ist so stark. Da haben wir uns immer wieder gebeugt . . ."*
- *„Und warum habt ihr euch gebeugt?"*
- *„Weil sie es tut – so hat man immer getan; weißt du, dann ist man ganz da . . ."*
- *„Aber dann warst du ganz allein."*

Anais schaut die Mutter verständnislos an:
- *„Wir haben doch zusammen gebetet."*

Damit wollte Anais wahrscheinlich das Beten beschreiben, ein Begriff und eine Erfahrung, die sie eigentlich nicht kannte und nun es erfahrend kennen gelernt hat. Diese Rituale können nicht theoretisch gelernt werden; sie müssen erlebt werden und können es nur dort, wo sie auch wirklich mit Substanz gefüllt sind.

4. El Dorado – eine Kultur ist eine geschlossene Welt

Ältere Kinder brauchen nicht unbedingt dieses „körperliche" Erleben eines Rituals oder einer Tradition; Bilder oder Texte tragen sie genauso in andere Welten und Kulturen.

Nach einem Besuch der Ausstellung „El Dorado" – Das Gold der Fürstengräber – waren die Kinder sehr nachdenklich geworden und es wurde viel über diese Kultur nachgedacht, in der der Tod so geehrt wurde, dass den Verstorbenen sogar wertvolle Gegenstände mit ins Grab gegeben wurden. Die Verstorbenen lebten dort eine andere Art von Leben.
- *„Wieso sind diese Golddinge nicht bei ihnen im Grab? Es gehört eigentlich zu ihrem Zuhause!", denkt Mathias*

(acht Jahre). „Die Museumsleute haben es gestohlen", empört er sich.

Gold symbolisiert eine Größe, einen Respekt, das Sonnenhafte, und hat keinen Tauschwert. Besonders fasziniert sie diese kleinen Goldfiguren mit sehr stilisierter menschlicher Gestalt, die den Verstorbenen in den Gräbern beigefügt wurden:

– *„Ich find' es schön: So waren sie nicht allein!"*
– *„Doch, sie sind allein", entgegnet Miriam: „sie haben keinen Freund bei sich."*
– *„Aber die Goldmännlein sind doch wie Freunde."*
– *„Ich glaube nicht: die sind wie sie selbst: Vielleicht kann man endlich mit sich nebeneinander liegen, wenn man gestorben ist."*

- *„Vielleicht ist es die Seele, weil die Seele, die ist auch groß und glänzt . . . und dann . . . sie bleibt immer, sie glänzt immer wie die Sonne."*
- *„Ja, es ist vielleicht die Seele", meint die Mutter, „so wie am Münster . . ."*
- *„. . . da hält doch der liebe Gott die Seele der Maria in seinen Händen."*
- *„Ich find' schön, dass die Seele bei dem Menschen bleiben kann und strahlt."*
- *„Auf jedem Fall ist die Seele nicht mehr im Menschen drin, wenn er gestorben ist! Das dachten sie und das denken wir auch, weil die Seele . . . – einfach goldwert ist", beschließt Miriam, „und wenn man tot ist, da kann sie endlich strahlen!"*

Wenn Kinder also das Fremde, das Fremdartige wahrnehmen als das Unterscheidende, das Distanzschaffende, so sollte sie das philosophische Gespräch in dieser Vorstellung bestärken, denn das ist die Bedingung für das Erkennen der Gemeinsamkeit und der Nähe. Wie es im letzten Gespräch deutlich wurde, erkennen sie sogar im Spiegel der fremden Kultur ihre eigene oder manche Züge ihrer eigenen Kultur: Was Seele ist, wurde deutlich durch die Klarheit und Konkretheit der Todesrituale des El Dorado (es ist ein Teil vom Menschen, so wertvoll wie Gold, das Wesen des Menschen darstellend).

7. „Was ist in meinem Teddy drin?“ Das Tier, Spiegelbild des Menschen

1. „Was arbeitet Domino?“ (die Katze) Die Aktivität der Tiere – und der Kinder

Alle Kinder sind irgendwann mal wie die kleine Alice in Lewis Carrolls wundersamer Geschichte „Alice im Wunderland“, vor dem Bau des Hasen stehend und auf ihn wartend, staunend, was er wohl tut, und die doch gar nicht überrascht ist, als dieser geschäftig heraustritt und von seinen vielen Aktivitäten erzählt.

Wie so oft geht die kleine Laura (vier Jahre) mit ihrer Mutter spazieren, begleitet – nicht von einem Hund, wie es eher üblich ist, sondern – von ihrer Katze Domino. Sie gehen die Straße lang, auf dem Bürgersteig. Laura geht hin und her, mal mit ihrer Katze redend, mal mit der Mutter. Es ist ein regnerischer Herbsttag, ein ruhiger Sonntag, zum Nachdenken und zu Gesprächen anregend. Zwischendurch lässt sich Domino ausgiebig und genussvoll streicheln, wie eine Sphinx auf einem der kleinen Steinpfosten der Gärten sich räkelnd. Doch plötzlich, die Ohren spitzend, wie von einem inneren Drang getrieben, verschwindet sie durch den Gartenzaun. Laura und ihre Mutter stehen da, ihr mit den Blicken folgend, mit der gleichen Frage beschäftigt: Warum „musste“ sie so schnell und unvermittelt verschwinden? Was „macht“ sie wohl?

- *„Mama, was arbeitet Domino?“*
- *„Wieso ‚arbeiten‘? Domino ist ein Tier; Tiere arbeiten nicht . . . Ja, sicher, manche Tiere arbeiten wie die Esel in einigen Ländern, die so viel tragen müssen, aber unsere*

Domino hat es gut: Sie muss nichts tragen, sie hat nichts zu tun, sie muss sich nur beschäftigen."

– *„Ich finde, dass sie arbeitet: Sie ist jetzt weggegangen, weil sie etwas tun ‚muss' wie der ‚weiße Hase': Er ist ja wahnsinnig beschäftigt; er kann nicht immer tun, was er will; er schaut auf die Uhr und merkt, dass er arbeiten muss."*
– *„Und, was meinst du, ist das denn ‚arbeiten'?"*
– *„Ja, so wie Domino, wenn man genau weiß, dass man genau jetzt eine Sache tun ‚muss'.*
– *„Wenn sie ‚muss', dann ist sie gezwungen; aber wer zwingt sie denn?"*
– *„Etwas in ihr, das sagt: Domino, du muss jetzt genau schaun, ob eine fremde Katze in deinem Gartenstück ist! Sie weiß es einfach. .Außerdem ist sie immer mit „jagen" beschäftigt!"*
– *„Jetzt hast du doch ‚beschäftigt' gesagt; ist ‚Beschäftigung' das Gleiche wie ‚Arbeiten'?"*
– *„Gar nicht, weil sich beschäftigen ist wie so rummachen."*
– *„Und ‚arbeiten'?"*
– *„Das ist, etwas Bestimmtes machen wollen; das macht Spaß."*
– *„Arbeiten macht Spaß?"*
– *„Ja, weil man etwas tut ..."*

Das kann wirklich nur ein Kind behaupten, denkt sich die Mutter! Doch dann wird ihr bewusst: Wenn wir unsere Arbeit oder überhaupt das Arbeiten so sehr brauchen, dann weil es auch mit Freude – mit Spaß –, mit Überwindung, mit Freude an der Überwindung verbunden ist. Und „Überwindung" bedeutet, die Widerstände zu transzendieren – „Arbeit" als diese „Durchdringung der Materie durch den Geist", wie ein französischer Philosoph sich ausdrückte. Sicher, diese Aussage kann nicht ganz das Tier betreffen. Doch das Tätigsein des Tieres lässt Züge erkennen, die dem Kind vertraut sind: Bedürfnis nach genauen Anweisungen, Freude am Tätigsein, Verlangen nach Belohnung. Das alles haben die kleine Laura und ihre Mutter an der emsigen Domino beobachten können, und ihnen ist plötzlich bewusst geworden: Ja, Arbeit ist auch Freude, sich selbst erleben, also Selbstverwirklichung und Selbstwerdung. Ein solches streng strukturiertes Handeln ist den Kindern sogar ein Bedürfnis, wie in folgendem Spiel deutlich wird:

2. „Ich bin deine Katze!"

Kommt es uns nicht bekannt vor? Das Kind wirft sich auf den Boden, kriechend, strampelnd, sich windend wie eine Katze, die streichelnde Hand suchend . . . aber nicht nur:

– *„Mama, was soll deine Katze tun?"*
– *„Aber du brauchst doch nichts zu tun!"*
– *„Ich will aber für dich arbeiten! Ich finde das gut: Du sagst mir, was ich tun soll und wenn ich es gut gemacht habe, dann muss du mich belohnen. Ich arbeite schon viel für meine Puppen, aber das tue ich selber; ich muss mir immer selber sagen, was ich tun muss . . . also was soll ich tun?"*
– *„Aber, Laura, meinst du, dass Domino etwas für jemanden tut? Du hast recht: Es ist schön, etwas für jemanden zu tun. Aber ich sehe niemanden bei Domino."*
– *„Es ist auch niemand da, aber sie ist trotzdem nicht allein."*
– *„Also wenn man arbeitet ist man nicht allein?"*
– *„Also, wenn Domino so viel zu tun hat, dann ist sie . . . du siehst es doch . . . sie geht in die Büsche – und da ist sicher etwas; und dann muss sie mit der Erde da was machen – graben, wühlen. Vielleicht sind Würmer drin."*
– *„Sie arbeitet aber nicht, ‚für' jemanden!"*
– *„Sie ist nicht allein; wenn man arbeitet ist man nicht allein . . . Was soll deine Katze für dich tun?"*
– *„Stimmt, ich hatte fast vergessen: Also, hole bitte die*

schmutzige Wäsche aus deinem Zimmer, die auf dem Boden liegt, und bringe sie in die Küche!"

– *„Aber das hast du mir schon gesagt, nicht im ‚Katzenspiel'!"*
– *„Ja, eben jetzt ist es ernst; es ist deine Arbeit! Du musst es tun!"*
– *„Miau! Gut!"*

Laura verlangt nach Anweisungen, Aufgaben; sie braucht klare Vorschriften, einen klar umrissenen Rahmen für ihre Tätigkeit, also das, was wir mit „Arbeit" bezeichnen. Und es ist sicher nicht nur der Drang, für die Zukunft zu üben – so denken Erwachsene –, sondern eher Freude am Tun, an sozialer Betätigung – hatte nicht Aristoteles den Menschen als ein „soziales Wesen" definiert, also ein Wesen, das ein Werk vollbringen muss und will mit einem Ziel, einer Bedeutung und mit einem sozialen Zweck – am liebsten tut er etwas „für jemanden". Hier hat die Kleine mit einer bewundernswerten Klarheit genau umrissen, was „Arbeit" ausmacht: die Bindung an andere, also das Gegenteil von „Einsamkeit". Arbeiten heißt also wirklich „nicht einsam sein". Lauras großer Bruder hatte ihr erzählt von den „Katzen-Treffen", wenn sich die Katzen abends an bestimmten Treffpunkten begegnen und beratschlagen: Dieses Eingebundensein in einem sozialen Gefüge ist es auch, was Kinder an den Tieren fasziniert. Darin liegt wahrscheinlich der Reiz der Arbeit für die Menschen, darum ist „Arbeit" nicht nur „Schweiß", sondern „Schweiß des Angesichts", wie es in der Bibel steht. Und wenn Eltern ihren Kindern solche Arbeit-Tätigkeiten nicht anbieten, so suchen diese sich solche Tätigkeiten, wie wir oben gesehen haben. Das philosophische Gespräch über das, was Arbeit ist, gibt dem Bereich der Arbeit eine neue Bedeutung oder lässt erkennen, was Arbeit und wie wichtig sie ist.

Dieses „Ich bin deine Katze"-Spiel mutet manchmal unangenehm an: Warum zeigt sich das Kind so „unterwürfig"? Manchmal ruft es ein schlechtes Gewissen bei der Mutter hervor – Mütter neigen so schnell dazu! Sucht sich das Kind eine Zuneigung, wovon es nicht genug bekommt? Fehlt dem Kind etwas? Doch wäre es nicht möglich, es einfach stehen zu lassen? Die Katze hat der kleinen Laura vor Augen geführt, wie schön ein geordnetes Handeln ist – mit einem sozialen Ziel, und nun will es dieses menschliche Wesensmerkmal im Spiel verwirklichen; dazu braucht es einen Erwachsenen, denn Anweisungen geben kann nur jemand, der größer ist als man selbst. Scheint es nicht sehr logisch?

3. „Was ist in meinem Teddy drin?"

Tiere verkörpern also nicht nur andere Seiten von sich, die die Kinder in sich spüren und zu leben wünschen, wovon schon im 2. Kap. die Rede war (wie z. B. „Stark wie ein Jaguar sein . . ."), Tiere sind auch Spiegelbilder ihrer selbst, Wesen, in denen sie sich erkennen können und in denen sie sich suchen, wie wir eben gesehen haben.

Wenn Tiere also Spiegelbilder ihrer selbst sind, werden Kinder auch den unbezwingbaren Drang verspüren, sie zu untersuchen, das geliebte „Objekt" auseinander zu nehmen, es zu analysieren. Kennen wir nicht die grausame Neugierde der Kinder, die Insekten die Flügel ausreißen, „Mal sehen, ob es noch fliegen kann". Dieser Wissensdrang kann zu schlimmen Konsequenzen führen: In einem plötzlichen Drang nach Erkenntnis kommen Laura und ihre zwei Brüder auf die Idee, den heißgeliebten Hund von der Terrasse in den Innenhof zu werfen: Mal sehen, ob er wie eine Katze auf seine Pfoten fällt! Es ging noch alles gut; doch traut man sich nicht, sich andere mögliche Situationen vorzustellen!

Doch es muss nicht unbedingt ein lebendiges Tier sein, das zum Untersuchungs-„objekt" wird: Es kann durchaus der Lieblingsschmusebär sein, ein Stofftier, zu dem das Kind eine Ich-Du-Beziehung entwickelt hat (für Kinder kann leicht ein „Es-Objekt – ein nicht lebendiger Objekt – zu einem Lebendigen werden wie das Lieblingsschmusetier):

Im Kinderzimmer ist ein Drama ausgebrochen: Sabine ruft heulend ihre Mutter; sie scheint völlig verzweifelt zu sein, sitzt auf dem Boden, umgeben von viel Wolle, Füllstoff, die Reste ihres Lieblingsschmusebären:

- *„Mama, ich will meinen Bär wiederhaben!"*
- *„Was hast du gemacht, Sabine? Der schöne Bär! Wie bist du auf diese Idee gekommen?" – Sie denkt natürlich ohne weitere Überlegung, dass der Bär so teuer war, so schön; vielleicht hätte sie ihn Sabine gar nicht geben sollen.*
- *„Er soll wieder ganz sein, weint sie ... er soll wieder mein Bär sein ... er soll da sein!"*

Unglaublich diese Beschreibung vom „Dasein", das erst in der Abwesenheit klar wahrgenommen wird: Ganzheit, Bezug, Wirklichkeit. Ein solcher Aufschrei des Daseins kann nicht un-gehört bleiben. Und ist ein Dialog nicht tatsächlich eine Komposition, eine zweistimmige Komposition – fast wäre „Invention" daraus geworden wie Bachs „Ein- und Zweistimmige Inventionen" –, in der eine Stimme die zweite ruft, vorausgesetzt, die Stimmen hören aufeinander in einem liebevollen Interesse aneinander.

- *„Komm in meine Arme, liebes Kleines!"*

Gott sei dank hat sich die Mutter schnell gefangen und die verzweifelte Stimme gehört, sie weiß, dass ihre Kleine trauert: Ihr Lieblingsbär „ist" nicht mehr, existiert nicht mehr; er ist zu einem Objekt geworden, zu einem „Es", etwas Kaltem, das in keiner Beziehung zu ihr steht; sie hat wirklich „den Anderen" verloren. Der Bär in diesem Zustand ist weniger als der Baum, von dem M. Buber in seinem Werk „Das dialogische Prinzip" sagt, „er leibt mir entgegen" (weil ich eine Beziehung zu ihm habe, kommt er mir entgegen: der Bär existiert jetzt nur noch in einer Ich-Es-Beziehung).

Wie eine kleine Wissenschaftlerin hat Sabine hier die schmerzliche Erfahrung gemacht, die auf alle Wissenschaftler wartet:

Das, was ich untersuche, wird zu einem Objekt und die Beziehung zu diesem Gegenstand verändert sich. Je lebendiger er für mich davor war, desto lebloser nun.

Sabine spürt dies alles; es geht jetzt darum, ihr die Zusammenhänge dieser veränderten Situation bewusst zu machen.

Es geht darum, Sabine zu zeigen, dass sie schon davor ihren Bär zu einem „Es" reduziert hatte, als sie anfing, ihn zu „sezieren". – Wichtig ist dabei, dass die Absicht der Mutter sozusagen „rein" ist, also frei von jeglichen anderen – utilitaristischen – Zwecken, wie z. B. eine neue ähnliche Situation auf jedem Fall zu vermeiden (die wertvollen Gegenstände der Wohnung vor einer neuen Untersuchungswut der Tochter zu schützen; sich selbst oder die kleinen Geschwister zu schützen: Kinder sind zu so vielem fähig!). Allein soll ihr wichtig sein, die Situation, das Problem dem Kind deutlich zu machen, ohne Verbote, ohne Wertung, um dann auf Verstehen und angemessenes Verhalten zu vertrauen. Denn Vertrauen, klares Einschätzen des Problems und damit verbunden klares Agieren sind schließlich erfolgreicher; dafür ist Philosophieren, das ja die oben genannten Haltungen genau beschreibt, eine – wenn nicht „die" – Möglichkeit, „diese" Situation und vor allem – und das ist die Leistung der Philosophie – alle ähnliche Situationen vielleicht doch zu bewältigen.

- *„Siehst du, du hast deinen Bär auch nicht gefragt, ob du ihm den Bauch aufschneiden durftest", meint sie dann leise.*
- *„Aber das hab' ich nicht gemacht; ich wollte nur sehen, was in dem Bär ist, weil er doch so lieb ist!"*
- *„Ich kann auch nicht in meine kleine Sabine sehen, die ich auch so lieb habe!", meint die Mutter.*
- *„Ich find' das traurig: Kann man nicht in das sehen, was man gerne hat?"*
- *„Nein! Aber siehst du, jetzt hättest du lieber deinen Bär einfach so – auch wenn du nicht weißt, was in ihm ist!"*
- *„Der hat mich immer so lieb angeschaut und zugehört"*

(wie Kinder oft, hört Sabine nicht zu: Sie muss noch weiter spüren, den Verlust, die Einsamkeit . . .).

- *„Siehst du, das reicht doch. Um etwas zu erkennen, muss man es oft auseinandernehmen und dann ist es nicht mehr wie früher, und das ist natürlich traurig." Fast hätte sie hinzugefügt: „Es war vielleicht schön mit deinem Bär, weil du nicht alles sehen konntest"; doch schnell kam der Gedanke des Zuviels – eine immer wieder schwierige Entscheidung.*

Kinder spüren tatsächlich in sich einen fast unbezwingbaren Drang zu untersuchen, zu erkennen, und es ist leicht, sich vorzustellen, wie die kleine Sabine, besessen vom Gedanken „was ist in meinem Teddy?" immer weiter gräbt auf der Suche nach dem Geheimnis ihres Bären. Dabei muss sie die traurige Erfahrung machen – wie Leila damals mit dem Stein –, dass diese Untersuchung einhergeht mit einer Reduzierung des geliebten Objekts – des Bären – auf ein „Es", auf einen Gegenstand. Eine Unterscheidung (Ich-Du Beziehung / Ich-Es-Beziehung und sogar die Verwandlung vom einem Du in ein Es), die, von René Descartes (17. Jh.) stammend, in unser modernes abendländisches Bewusstsein eingegangen ist und doch noch wichtige ethische Fragen aufwirft. Kinder können also sehr früh mit diesen ethischen Fragen konfrontiert werden.

Hatte nicht der französische Philosoph René Descartes (17. Jh.) die Theorie aufgestellt, Tiere seien Maschinen, „ausgedehnte Materie" – wie auch der menschliche Körper – und damit der experimentellen Wissenschaft ganz neue Möglichkeiten eröffnet, denn nur (nicht-beseelte) Objekte können Gegenstand wissenschaftlicher Untersuchung sein. So ist für Descartes alles Seiende in „ausgedehnte Materie" und „denkende Substanz" aufgeteilt. Dies kündigte den Beginn der Medizinforschung an: Allein ein Körper als Maschine durfte untersucht werden – damals auch von seiten der Kirche natürlich. – Eine solche Geschichte stößt auf brennendes Interesse bei größeren Kindern (Grundschul-

kindern), die sehr dankbar die Erzählung „am Küchentisch" aufnehmen werden.

Genau mit dieser ethischen Problematik ist soeben die kleine Sabine konfrontiert worden: was passiert, wenn ich untersuche? Was passiert mit dem Gegenstand meiner Untersuchung? Was passiert mit mir selbst? Was passiert zwischen Untersuchendem und Untersuchungsobjekt? Sie sehen, dass all diese Fragen die kleine Sabine beschäftigen, dass sie dabei Hilfe braucht, dass auch die sich aus dem Gespräch ergebende Haltung, die Reflexionsfähigkeit ungeheuer wichtig und grundlegend für die Zukunft ist. Am Umgang mit Tieren lernen Kinder sehr vieles an ethischen Überlegungen und Verhalten, so wie sie am Betrachten des Kosmos und der Elemente (s. Kap. 4) ontologische (das Seiende betreffend: Wirklichkeit, Zeit . . .) Reflexionen entwickeln und dort sensibilisiert werden. Wie immer beim Philosophieren geht es in der Situation von Sabine nicht um Verbote (einen lieben Bär darf man nicht untersuchen!) oder Hätscheln (Arme Sabine, jetzt ist der Bär ganz traurig!), sondern um Sachliches (sachliche Überlegungen): die oben erwähnten Fragen und dazu noch folgende: Wann kann ich eine solche Untersuchung unternehmen? Werde ich die Folgen ertragen können? Schließlich noch:

- Wo ist Wissen wichtig ? Wo aber ist Nicht-Wissen vorzuziehen?
- Ist Wissen immer gut?

Es ist nicht möglich, das Innere zu erkennen und vielleicht das eigene Innere auch nicht. Wissen-Wollen ist oft zerstörerisch. Eindrucksvoller für das Kind als große philosophisch- ethische Gespräche ist das eigene Er-fahren und die klare, praxisbezogene Reaktion der Mutter.

Dennoch bleibt das Tier ein wertvoller Spiegel der Seele des Menschen, des Menschenkindes. Kinder beobachten so gerne Tiere und lernen immer wieder Neues über sich selbst: vor allem dass Tiere wie Kinder spielen, dass ihr Handeln ein

Spiel ist. Die Spiele der Hunde auf dem Rasen im Garten geben oft eines der schönsten Schauspiele, die man als Heranwachsende mit einer gewissen Melancholie betrachtet. Man wird an Kleists Werk „Über das Marionnettentheater" erinnert, in dem er von der Harmonie, von der Grazie des spielenden Tieres spricht, dessen Tun von keinem Denken deformiert wird.

Tiere jagen; sie jagen und spielen. Beim Beobachten ihrer eigenen Katze, sagte ein kleines Mädchen:
– *„Katzen jagen und spielen . . . ist es das Gleiche?"*
– *„Jagen macht ihr Spaß wie . . . – wenn sie nach ihrem Schwanz jagt . . . vielleicht glaubt sie, das ist ein anderer Schwanz . . . aber manchmal bringt sie lebendige Mäuse, und dann sagt die Mama, die Putzi ist bös."*
– *„Und was denkst du?", fragt die Freundin der Mutter, bei der sie gerade den Nachmittag verbringt.*
– *„Ich find', sie ist so, sie macht, was ihr wichtig ist, sie macht, was sie will. Tiere sind stark, sie machen, was sie wollen."*
– *„Sind Menschen auch stark, wenn sie das machen, was sie wollen?"*
– *„Meine Katze, wenn sie raus muss, dann läuft sie geradeaus."*

. . .
– *„Meine Katze ist stark: Sie macht, was sie will."*

Wie vorhin reagieren Kinder manchmal nicht auf Fragen, die sie, fast müsste man sagen, „absurd" finden, als würden sie sie lieber überhören, als müssten sie uns Erwachsenen diese Schande ersparen (denn logischerweise sind Menschen stark, wenn sie das machen, was sie wollen, doch in dem Falle des Menschen ist die Situation anders, komplizierter; das ahnt das Kind und redet lieber nicht darüber – im Moment wenigstens).

Denn natürlich erkennt das Kind sich in diesem Charakterzug auch wieder: Kinder machen eigentlich auch, was sie wollen. Und, ehrlich gesagt, wir empfinden sie auch als sehr

„stark". Wird nicht an ihnen gerade diese „Rücksichtslosigkeit", dieser „Egoismus" kritisiert? Beim Tier erkennen Kinder diese Eigenschaften als Stärke,oder: Tiere machen immer, was sie wollen, das find' ich gut!

„Jagen und spielen", „tun, was man will": diese Verhaltensweisen, die oft als „egoistisch", „unmoralisch" verurteilt werden. Ist es nicht eher Indifferenz, Gleichgültigkeit gegenüber den Anderen, der Moral. Kinder haben Wichtigeres zu tun, so scheint es, sind mit anderen Gedanken beschäftigt, so wie Tiere oft von einer eigenartigen Betriebsamkeit bewegt zu sein scheinen. Darum übt der „weiße Hase" aus „Alice im Wunderland" eine so große Faszination auf Kinder aus. Es wäre sicher billig, dies abzutun als: Faszinierend ist immer das Unverständliche.

2. „Mein Meerschweinchen soll es gut haben bei mir!" Die Verantwortung gegenüber dem Schwächeren

Doch Tiere zeigen sich nicht nur als stark: Kinder erleben Tiere oft auch als schwächer, als Wesen, die beschützt werden müssen. Ihr uns wohl bekanntes Verlangen nach einem Tier – das leidige Thema „Meerschweinchen, Katze oder Maus", das Eltern immer wieder „nervt" – ist sicher nicht nur Ausdruck einer Laune, das ist es eher bei Menschen, die ihr Einsam-Sein durch die Anwesenheit eines Tieres zu kompensieren versuchen. Mit sicherem Gespür wissen Kinder, dass sie das Tier brauchen, dass sie vom ihm lernen können – Selbsterkenntnis und Erkenntnis über die Welt, wie wir schon gesehen haben. Aber sie spüren auch, dass dort eine Augfabe auf sie wartet: Verantwortung, Schutz-Geben, Beschützen, ja Erziehen auch. Darum, auch wenn es für Eltern noch eine zusätzliche Aufgabe bedeutet: Mit einem Tier leben ist sicher eine unersetzliche Erfahrung für ein Kind – und für die Eltern auch, denn es ist die Gelegenheit zu unendlichen philosophischen Gesprächen (über Krankheit, Seele, Tod).

- *„Meinst du, dass Peanut sich wohl fühlt bei uns?“*, sorgt *sich Miriam (sieben Jahre), nachdem sie dem neu eingezogenen Meerschweinchen einen schönen Stall vorbereitet hat.*
- *„Wie sollte sie sich nicht wohl fühlen?“, argumentiert die Mutter, „sie kennt doch nichts anderes; hier ist jetzt ihr Zuhause und natürlich ist es gut.“*
- *„Das kannst du nicht wissen, weil sie doch davor auch gelebt hat . . . Jetzt gehört ihr Leben zu meinem Leben und ich möchte, dass es ihr gut geht, dass sie bei uns bleiben will.“*

Natürlich werden wir an den „kleinen Prinzen" von Saint-Exupéry erinnert, der ja die schmerzliche Erfahrung macht, wie schwierig es ist, ein schwächeres Wesen zu versorgen, was Verantwortung bedeutet, was „zähmen" heißt.

Im Umgang mit ihren Tieren erleben Kinder zum ersten Mal, was Tod ist, was Sterben bedeutet. Kaum erträglich ist es, das Tier leiden zu sehen. Sie lernen auch trauern, erfahren, wie wichtig es ist, einen Verstorbenen zu „be-erdigen", ihn wirklich der Erde zurückzugeben.

Kinder fasziniert es vor allem, dass Tiere wirklich alle Register des Spielens aufrollen, vom harmlosen Spiel – sich tummeln auf dem Rasen – bis zum mörderischen Spiel des Jagens, das Letztere, zu dem sich der Mensch nur im Sublimieren traut, in der Kunst, in der Literatur. Genau wie Kinder „grausam" sein können (in ihrem Untersuchungstrieb), so gehen sie ganz natürlich um mit Kranken, mit Sterbenden, denn sie fragen nicht nach dem Warum oder dem Guten oder Schlechtem einer Sache; es „ist" einfach so. Diese widersprüchliche Fähigkeit – Grausamkeit und Menschlichkeit –, dieses widersprüchliche Interesse gilt es dem Kinde zu bewahren.

Lernen, Ich-Du-Beziehung (Beziehung von einem Ich zu einem persönlichen Du: Ich und der Schmusebär z. B.) von Ich-Es-Beziehung (Beziehung von einem Ich zu einem Objekt: Ich und der untersuchte Schmusebär) zu unterscheiden: dies wird in vielen späteren Situationen des kindlichen Lebens wichtig bleiben.

Eine kleine Kindergruppe hat sich auf dem Spielplatz eingefunden. Die Kinder spielen im Sandkasten, jeder mehr oder weniger in sich versunken. Plötzlich nimmt der kleine Martin (zwei Jahre) seinen dicken, schweren Metalllastwagen und haut ihn auf Christians Kopf, unvermittelt. Christian schaut ganz verwundert, verständnislos . . . und Martin eigentlich auch, denn er versteht die Reaktion seines „Freundes" selber nicht. Die Hilfe eines Erwachsenen ist hier notwendig:

– *„Siehst du, Martin, Christian kann nicht mehr mit dir wie immer reden; du hast so auf ihn gehauen, als sei er ein Stein und nun ist er fast so stumm wie ein Stein!"*
  Hätte Martin eine ähnliche Geschichte erlebt wie die mit dem Teddybär, dann wäre ihm dies nicht passiert!

3. Tiere und die Existenz der Ganzheit

Schließlich fasziniert Kinder dieses Bild der Einheit, der Ganzheit, die Tiere zeigen und aus der Harmonie entsteht. Und dieses nicht aus einem Mangel heraus, also mit dem unausgesprochnen Gedanken: Tiere sind primitiver im Gegensatz zu Menschen, deren Komplexität eher zur Disharmonie führt, wie die kleine Katharina es mal ausdrückte, als ihre Freundin Sabine sagte:

– *„Die Menschen haben viele Dinge, die höher sind als die Tiere."*
– *„Ja, aber Tiere können vieles, was die Menschen nicht können: sie können Spuren riechen . . . laufen, ganz schnell und leise, dass man sie nicht hört. Ich glaube, sie sind mit allem befreundet."*

Auch hier der Gedanke der Einheit, wie Miriam es während eines Spaziergangs mit den Eltern an einem Herbstnachmittag empfand . . .

Miriam (acht Jahre) geht mit ihren Eltern spazieren, nun auf einer Straße am Waldesrand – zu bestimmten Tageszeiten darf die Straße von Autos befahren werden. Die Eltern unterhalten sich; Miriam, einen Stock in der Hand, läuft Zick-Zack, mal hier, mal da, und beobachtet. Plötzlich:

– *„Eine tote Schnecke!"*

Die Eltern haben es natürlich überhört, laufen weiter, in ihr Gespräch vertieft. Doch Miriam versperrt ihnen den Weg, zieht am Rockzipfel.

– *„Wieso geht ihr weiter? Hier liegt eine tote Schnecke!"*
– *„Ja und? Sie ist nun tot."*
– *„Sie hat wahrscheinlich ganz viel Schmerzen gehabt?"*
– *„Tiere wissen nicht, dass sie sterben werden; das wissen nur die Menschen", meint der Vater.*
– *„Aber sie hat vielleicht gespürt, dass ein Auto gefahren ist und dann hat sie geahnt, dass sie sterben würde."*
– *„Miriam, ein Tier kann den eigenen Tod auch nicht ahnen, weil es nicht denken kann."*
– *„Die Schnecke hat aber sicher gespürt – das kann sie nämlich – wie das Auto näher kam, weil dann die Straße sich . . . so bewegt hat."*
– *„Du meinst: vibriert hat . . . ja, das kann sie schon spüren, aber sie weiß dann noch immer nicht, dass sie dadurch sterben wird; insofern empfindet sie weniger Angst als ein Mensch, der genau weiß, das Vibrieren der Straße bedeutet seinen Tod."*
– *„Und gerade darum ist es für die Schnecke schlimmer: z. B. sie kann nicht an etwas anderes denken . . . immer hat sie nur Schmerzen; das ist ungerecht. Ich bin froh, dass ich keine Schnecke bin!"*

Miriam empfand schon immer eine besondere Liebe zu Schnecken, wie das folgende Bild zeigt.

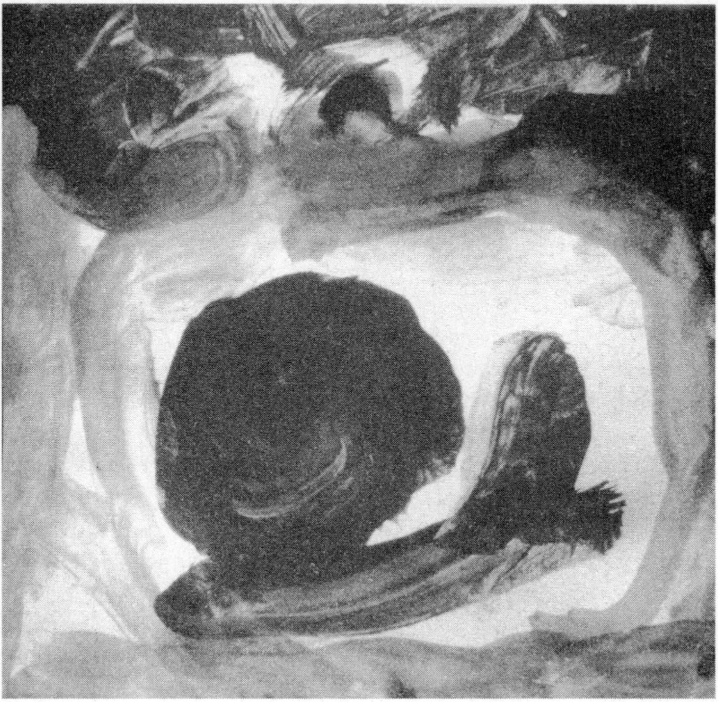

Behutsam nimmt Miriam die tote Schnecke und legt sie in ein grünes Beet von Blättern und Gräsern am Waldesrand. An diesem späten Herbstnachmittag leuchtet die kleine Schnecke in dem sanften Licht. Liegt sie nicht da wie in dem Gedicht von Rimbaud „Le dormeur du val" (Der Schlafende im Tal) der junge gefallene Soldat. Sicher, der Mensch kann über den Tod nachdenken, dadurch unterscheidet er sich von den übrigen Lebewesen, und dennoch hat an diesem Nachmittag die kleine Miriam ihren Eltern eine Vision von der ursprünglichen Einheit des Kosmos eröffnet.

8. „Ist es so, wenn man tot ist?"

1. „Ist es so, wenn man tot ist?"

Die tote Schnecke am Straßenrand, das liebe Meerschweinchen, das trotz aller Bemühungen plötzlich ganz steif und fast schon kalt in den Armen des Kindes liegt. Und wenn ein Kind nicht „mit einem Tier lebt" (ein Tier „hat" man nicht: spätestens bei dieser traurigen Erfahrung erlebt das Kind, dass ein Tier kein „Besitz" ist), dann ist es der Kirschbaum, auf dem geklettert wurde und der plötzlich gefällt werden musste, eines Vormittags, als das Kind noch in der Schule war. Kann da noch die Rede sein von der „Sorglosigkeit" der Kinderzeit? Sicher, Kinder haben keine „Sorgen" in dem Sinne: Sie werden von ihren Eltern „versorgt". Doch sie „tragen Sorge" für andere Lebewesen, die ihnen nahe stehen (Tiere, Pflanzen . . .); sie erleben, dass diese geliebten Wesen auch leiden und sterben werden und sorgen sich um sie im Leiden und im Sterben. Schließlich ist dieses Sorgen das Leben mit dem Tod, der das Leben begleitet; der Tod, den kleine Kinder oft mit einer (für uns Erwachsene) „unheimlichen" Natürlichkeit „erforschen".

Vor dem Einkaufen auf dem schönen, bunten Markt gehen Miriam (drei Jahre) und ihre Mutter ins Münster auf dem Marktplatz, die bunten Glasfenster, das Gewölbe, die Lichter: Miriam liebt es; es gibt immer viel zu sehen und zu erzählen. An diesem sonnigen Vormittag ist es im Münster angenehm; die Glasfenster werfen bunte Schatten und Miriam bewegt sich ganz vergnügt, umgeben von Heiligen und Propheten. Nun stehen sie vor der „Heiliggrab-Kapelle" und, auf das Fragen des Kindes, erzählt die Mutter vom Grab

Christi, von den – hier dargestellten – Wächtern und wie auf dem Grab, wie früher manchmal, der Verstorbene dargestellt wurde. Die Mutter hat sich dann einem Glasfenster zugewandt und ist in ihren Gedanken verloren. Als sie sich wieder umdreht, liegt Miriam ganz steif ausgestreckt auf dem Boden vor der Heiliggrab-Kapelle, die Augen fest geschlossen, mit der größten Konzentration. Eine vorbeigehende Frau spricht die Mutter an, verständnislos, fast verärgert:

– *„Haben Sie Ihr Kind gesehen? Sie können das arme Kind nicht so liegen lassen!"*

– *„Ja, ja, ich weiß!"*

Miriam hat sich gar nicht stören lassen, hat die Frau nicht mal bemerkt: Sie ist mit einem wichtigeren Problem beschäftigt. Endlich fragt sie:

– *„Mama, ist es so, wenn man gestorben ist? Nein! Es geht nicht! Immer bewegt sich etwas bei mir!"*

Die Mutter wundert sich über ihre eigene Ruhe (der Anblick des Kindes in seiner Starrheit, die Bemerkung der Frau: Es ist nicht immer leicht, mit den eigenen Impulsen, mit der Kritik der Umwelt zu leben):

– *„Du lebst ja auch! Darum ist es für dich unmöglich, dir vorzustellen, dass du tot bist. Es ist immer Bewegung in dir, weil du lebst."*

– *„Kann man nicht so tun, als wenn man tot ist, dass man so ist wie Peanut (das Meerschweinchen), als sie gestorben ist?"*

– *„Du weißt auch nicht, wie es ihr im Inneren ergangen ist. Keiner kann sich den Tod vorstellen."*

Für Kinder ist Denken: „Erfahren" (als: fahren durch . . .), Begegnen. Das heißt also: sinnliches Erleben, wie hier der Versuch, „Tod" zu erfahren. Spontan würden wir wahrscheinlich wie die Frau denken, entweder: das arme Kind! Oder welch grausames Kind, das den Tod sogar noch „spielt". Doch Kinder lernen im Erfahren, im Spiel. Und war nicht schon immer das Spiel die Form der feierlichen Darstellung des Menschlichen und also eine Form der Erkenntnis (Adam- und Eva-Spiele, „Passionsspiele" im Mittelalter)?

In einer früheren Phase (zwei Jahre) erleben Kinder den Tod als Abwesenheit. Darum können Kinder in diesem Alter den Tod oder die Vorstellung des Todes eines geliebten Menschen leichter ertragen als später, wie in der folgenden Situation deutlich wird:

Leila spielt im Kinderzimmer. Die Mutter, in der Nähe, ist mit irgendeiner Handarbeit beschäftigt. Plötzlich:

– *„Du bist doch die Freundin meiner Mama. Meine Mama ist tot; darf ich bei dir bleiben?"*

Die Mutter muss einen ersten Schock überwinden: Wie kann ihre kleine Leila sie sich als tot vorstellen? Eine grausame Vorstellung und auch unverständlich. Doch instinktiv spürt sie: Das Rufen des Kindes hat sicher eine Bedeutung; das Beste ist, das Spiel mitzumachen, bei aller Unverständlichkeit und Unkenntnis des Zieles. Und so sagt sie ganz ruhig, wie das Natürlichste von der Welt:

– *„Natürlich kannst du bei mir wohnen; aber es ist traurig, dass deine Mama nicht . . . mehr da ist" („tot ist" bringt sie nicht über die Lippen).*

Doch Leila scheint damit keine Probleme zu haben:

– *„Ach! weißt du, das ist nicht schlimm: Meine Mutter hat eh nie Zeit; sie muss sich immer um ‚die Kleinen' kümmern . . ."*

Die Mutter versucht für „ihre Freundin" zu plädieren (ihre Absichten sind in dem Fall nicht sehr rein!):

– *„Weißt du, deine Mama hat schon viel zu tun: sie muss ja für alle kochen, und deine Geschwister sind noch klein."*

Doch Leila will dies anscheinend überhören:

– *„Spielen wir was?"*

Nach einiger Zeit des Spielens:

– *„Meine Mutter ist wieder da: Ich gehe jetzt nach Hause."*

Das Spiel hatte gereicht. Leila musste ihrer Mutter einfach sagen können, dass sie sich mehr um sie kümmern solle. Doch ist es nicht so leicht, es der Mutter direkt zu sagen. Wie praktisch, wenn diese nun eine gute Freundin hat, die stellvertretend die Kritik annehmen kann! Und wie praktisch, wenn die Mutter dann tot sein kann – der Tod als Abwesenheit der Mutter gibt erst dem Kind die nötige Freiheit, um sich voll auf das Spiel einzulassen. So wären hier irgendwelche tiefgründigen Gespräche über den Tod oder über die Mutter-Tochter-Beziehung fehl am Platz.

Mit der gleichen Natürlichkeit, mit der Kinder versuchen, den Tod zu „erfahren“, ihm zu begegnen (wie in der ersten Situation), so können sie auch Sterbende „begleiten“, und sie tun es auch gerne, als würden sie durch diese „Begleitung“ das Leben besser verstehen. So ging ein kleines Mädchen regelmäßig in die untere Wohnung ihres Wohnhauses und besuchte den älteren Herren vor seinem Tode, erzählte ihm dies und jenes, ohne auf eine Antwort zu warten, einfach so, weil es notwendig war – so schien es – dass sich in diesen Momenten die Generationen begegnen: Kind und Alter, das Alter mit der eigenen Kindheit? Oder die kleine Laura, die am glücklichsten war, wenn sie neben ihrem sterbenden Onkel spielen konnte (die Mutter versorgte ihn in seinen letzten Tagen). Der Mutter war es zunächst „unangenehm“, die Kleine so nah am Tode sich aufhalten zu lassen. Doch die Ruhe des Kindes bestätigte sie darin, dass nun alles so richtig war. Hier ist auch mit der Kritik der anderen zu rechnen: „Wie kann man ein so kleines Kind zu einem Sterbenden gehen lassen?“ Doch Kinder lassen uns schon spüren, was für sie „gut“ ist.

2. „Ich hab' das Reh getötet“

Die kindliche Beschäftigung mit dem Tod geht über das Erfahren-Wollen „wie ist das Sterben“ (wie in der ersten Situation). Kinder fragen sich auch: Was ist der Tod? Kann man den eigenen Tod ahnen? Was gibt es danach? Wenn das Indianer-Gedicht „Ich hab' das Reh getötet“ nicht genau den Erlebnis-Bereich des Kindes beschreibt (das Töten des Rehs), so macht das Kind dennoch ähnliche Erfahrungen und das Indianer-Gedicht kommt älteren Kindern ganz vertraut vor.

Ein wunderschönes Licht schon am frühen Morgen verzaubert die bretonische Küste. Himmel und Erde scheinen sich in einer Umarmung ins Unendliche zu verlieren . . . Voller Tatendrang ertönt das kindliche Fragen: Was machen wir heute? Auf die Antwort der Eltern: „Wir fahren zum Hafen, Fisch holen für heute Mittag", jubeln alle und freuen sich auf das schöne Mittagsessen. Nun stehen alle am Vivarium – diesem riesigen Wasserbecken, in dem die Fische sich noch lebendig hin und her bewegen können. Ein großer Fisch wird ausgesucht und die kleine Miriam freut sich schon, auf den Fisch, das Essen? Kaum angekommen auf dem Campingplatz, schaut Miriam sofort nach dem Fisch, der nun verwandelt erscheint, die Augen trüb, fast unbeweglich.

- *„Mama, schau, was ist mit dem armen Fisch? Der bewegt sich nicht mehr!"*
- *„Miriam, der Fisch lebt nicht mehr; er braucht das Wasser zum Leben."*
- *„Schnell, wir können ihn doch wieder ins Wasser tun!"*
- *„Nein, das geht jetzt nicht mehr: Wasser ist Leben für den Fisch; alles, was lebt, braucht sein Element zum Leben (für den Fisch ist es das Wasser). Und Tod bedeutet, aus dem Lebenselement herausgeholt werden . . ."*
- *„Aber dann haben wir den Fisch getötet!"*
- *„Ja, eigentlich ja. Aber einen lebendigen Fisch kann man auch nicht essen. Du hast dich doch auf das Essen gefreut!"*
- *„Aber jetzt find' ich's traurig, dass der Fisch sterben muss, damit wir etwas Schönes zum Essen haben können. Domino (die Katze) tötet auch Mäuse, aber da kann man nichts dagegen tun."*
- *„Du meinst, es ist in ihrer Natur, doch wir müssen nicht unbedingt Fisch essen."*
- *„Eigentlich ist es egal: Bei der Anne da wachsen auch Salate im Garten, und wenn wir uns einen Salat holen, dann kann er auch nicht mehr weiter leben . . . das find' ich traurig!"*

– *„Aber siehst du: Es ist schon gut, wenn man darüber nachdenkt: Leben entsteht oft aus Tod. Manchmal ist es notwendig, Lebewesen zu töten (wir brauchen Gemüse und Obst zum Leben), manchmal nicht."*

– *„Auch wenn ich Obst und Hähnchen gerne esse, habe ich Pflanzen und Tiere ganz lieb. Kochen wir jetzt den Fisch?"*

Miriam hat hier zwei wichtige Gedanken erfahren und erkannt: Aus Tod entsteht Leben und Tod heißt, aus seinem Lebenselement herausgerissen werden. Letzteres erinnert an den Gedanken des Philosophen Ernst Bloch; er sagt: Beim Tod geht man durch ein Tor (darum der Titel seines Aufsatzes: „Das Tor Motiv"). Dieses Bild des Philosophen ist älteren Kindern sofort verständlich und regt auch zum Malen an (Kinder malen gerne Tore und können sich unter dem „Wechseln der Ebene" etwas vorstellen). Dieser Gedanke vom „Entstehen des Einen aus seinem Gegenteil" ist eine Struktur, die viele Situationen zu klären vermag. Wir wissen, dass Krankheit zum Beispiel – vor allem Kinderkrankheiten für Kinder – wichtig für die Gesundheit ist, und Kinder können – wenn die Eltern ihnen die Möglichkeit geben – diese Zeiten des Krankseins so intensiv leben, dass sie daraus gesund heraustreten. Max Frisch beschreibt diese Zeit: „. . . ich erinnere mich an die ferne Kinderzeit, wenn ich krank lag, und es war drei Uhr nachmittags, Bilderbücher, Apfelmus, Ewigkeit." So wird Miriam das Fischgericht genießen (den armen, armen Fisch!) und dennoch wird sie nie mehr gedankenlos das Sterben eines Lebewesens – welcher Art auch immer – hinnehmen können. Sie hat erfahren, dass jedes Leben zu respektieren ist, dass Leben ein Geheimnis ist, ein viel zu großes, als dass damit gespielt werden kann, und Tod wie ein Verrat am Leben. Sie hat aber auch erfahren, dass es klug ist, bestimmte Gesetze zu erkennen und zu akzeptieren.

3. Des Meerschweinchens Grab

In der vorigen Geschichte wurde mehr der Aspekt des Todes bedacht (der Tod des Fisches), der Aspekt des Kampfes ums Leben wie bei Darwin (allein der Stärkere überlebt). Doch es gibt den anderen Aspekt: das Entstehen aus dem Tod.

Das verstorbene Meerschweinchen wird zu Grabe getragen, nachdem es in einem Holzkästchen eingebettet wurde. Miriam legt ihm einiges dazu – das Lieblingsspielzeug zum Beispiel. Sie hat schon ein Kreuz vorbereitet und ein schönes Schild mit Geburts- und Todesdatum. Dann fällt ihr ein:

– *„Können wir Peanut ein paar Samen von den schönen Gräsern geben, die wir auf die Wiese gesät haben?"*
– *„Ja, natürlich, meint die Mutter. Es ist sicher schön, wenn sie dann später unter dem Schatten der Gräser liegt."*

Um das Kästchen und darüber auf die Erde werden ein Paar Samen gestreut. Es ist leider ein regnerischer kalter Tag im November und Miriam sorgt sich um ihr Meerschweinchen:

– *„Arme Peanut! Es ist so kalt draußen!"*
– *„Du brauchst dir keine Sorgen zu machen, Miriam, Peanut lebt nicht mehr und sie kann also nicht mehr empfinden", beruhigt sie die Mutter.*
– *„Außerdem kann das Gras dann gut wachsen", überlegt sich Miriam.*
  Doch dann: – „Aber dann wächst das Gras aus Peanut raus? Peanut ist doch tot!"
– *„Ja, aus dem Tod wächst etwas heraus; aus dem Tod entsteht Leben . . ."*
– *Wenn Peanut so liegt, dann wird sie zur Erde, gell, Mama? Wie die toten Mäuse im Garten: die werden immer kleiner und dann sind sie wie der Boden."*
– *„Siehst du, nun schenkt uns Peanut bald schöne Gräser, und so ist sie doch immer noch bei uns. Und wenn der Tod etwas Trauriges ist – wir vermissen die kleine Peanut –, so bringt er uns auch etwas Neues. Und weißt du, früher die alten Ägypter, die haben den Toten eine kleine Statue*

aus Erde beigelegt mit Samen drin, um zu zeigen, dass etwas im Toten drin ist, das gar nicht sterben kann.“

- *„Mama, können wir das auch machen?“*
- *„Natürlich, aber du hast schon für deine Peanut die gleiche Idee gehabt und sogar viel schöner: Sie lässt die Gräser wachsen! Sie schenkt uns Leben.“*

Wie so oft nach einem schweren Erlebnis muss Miriam malen – nicht nur Miriam: Viele Kinder brauchen deswegen das Malen. Ganz spontan malt sie Kreise, umeinander kreisende Motive – ja, als müsse sie nun sich in dieses Kreisen des Lebens (Leben – Tod – Leben) hineinmalen. Und wenn Kinder nicht selber auf die Idee kommen, so kann man ihnen diese wunderschönen Mandala-Bilder zum Anmalen anbieten – vielleicht nicht so kreativ wie das individuelle Ausdenken von Strukturen, doch sie werden Freude an diesen

Bewegungen haben, die das Thema visuell darstellen und den Kindern eine große tiefe Ruhe vermitteln. Außerdem sind die Mandalas Ausdruck der Seele der Menschen und seit alters in der indischen Kultur gebraucht.

Tod ist also nicht nur ein Zeichen von Niederlage und von Vernichtung. Vielleicht ist er auch wie eine Schale, die sich öffnet, um ein Inneres, Wertvolles frei zu lassen. Das Kind hat es „erfahren“ und also erkannt und diese Erkenntnis wird es sein Leben lang begleiten. Spätere Gespräche mit den eigenen Kindern zeigen, wie wichtig ihnen damals die Erfahrung und das folgende Gespräch gewesen sind. Sie vermitteln ihnen ein sicheres Gefühl, dass aus Tod notwendigerweise Leben entstehen muss – in welcher Form? Was ist es, was bestehen bleibt? Diese Fragen werden natürlich beantwortet. Dieser Gedanke ist eine Hauptsäule von Platons Beweis von der Unsterblichkeit der Seele.

4. „Wenn man die Eule hört“

Oft ist es unmöglich in Zeiten großer Trauer, nüchtern darüber zu reden. Nach dem plötzlichen Tod des geliebten Meerschweinchens braucht das Kind nur die warme Anwesenheit der Mutter, zwei Arme, in denen es Schutz finden kann, in denen es weinen kann, die zuhörende Anwesenheit. Doch ist die Trauer noch lange da und die Angst um das Unverständliche und das Bedürfnis, darüber zu reden.

Kurz vor Fastnacht . . . die Kinder überlegen schon, wie sie sich verkleiden werden. Miriam und ihr Bruder Eric sitzen am Küchentisch und malen verschiedene Kostüme auf. Eric betrachtet eine Spieleule, die er schon immer gern hatte, und Miriam ist innerlich noch mit dem abwesenden Meerschweinchen beschäftigt. Beide Beschäftigungen laufen parallel: sich verkleiden . . . als Katze? . . . als Eule?

– *„Mama, hat Peanut gewusst, dass sie sterben würde?“, überlegt Miriam (wir erinnern uns: Miriam war davon überzeugt, die tote Schnecke müsse doch sehr gelitten* *haben, denn sie hätte sicher die Schwingungen auf der Straße gespürt).*

– *„Sie hat es bestimmt nicht ‚gewusst', meint Eric, „Tiere können doch nicht wissen, höchstens ahnen."*
– *„Du hast recht, Eric, ‚wissen' ist nicht wie ‚ahnen'", bestätigt die Mutter.*
– *„Außerdem kann kein Mensch wissen, ‚wann' er stirbt."*
– *„Aber vielleicht kann ein Tier es ‚ahnen'."*
– *„Dann würde ein Tier mehr wissen als ein Mensch", ärgert sich Eric.*
– *„Ich habe doch gesagt ‚ahnen'", verteidigt sich Miriam. „Und Tiere ahnen mehr als Menschen: Tiere ahnen, wenn sie sterben, und dann verstecken sie sich . . ."*
– *„Auch wenn sie Kleine bekommen", ergänzt Christian, Erics Freund. „Sie wollen allein sein."*
– *„Vielleicht ist es beim Tod wie bei dem Leben, das weiß man nicht, vielleicht ‚riecht' man's nur . . . und Tiere riechen besser als wir."*
– *„Aber wir können es auch."*
– *„Ahnen, wissen, spüren, riechen: Es gibt so viele verschiedene Arten von Erkennen", fasst die Mutter zusammen.*
– *„Ich habe zweimal eine Eule gehört", erinnert sich Christian, „bei der Oma (sie wohnt auf dem Land), und die Oma hat gesagt, vielleicht ist jemand gestorben oder es ist jemand geboren: Die Eule weiß nämlich, wenn jemand geboren wird oder wenn jemand gestorben ist."*
– *„Kann die Eule wissen, wenn jemand gestorben ist? Wie kann die Eule das wissen?", fragt sich Eric. „Wahrscheinlich ahnt sie es nur."*
– *„Aber auch dann: Wie kann sie das ahnen?"*
– *„Die Eule ist ein besonderes Tier", hilft die Mutter. „Schaut sie euch an: Sie hat große Augen; sie schläft mit offenen Augen . . ."*
– *„Sie sieht auch im Dunkeln", ergänzt noch Christian, „ich glaube, sie ist ganz wach, und dann kann sie das alles sehen . . . vielleicht, wenn jemand geboren wird oder wenn jemand stirbt."*

– *„Wieso geboren oder gestorben?“, fragt Leila, „es ist doch das Gegenteil!“*
– *„Eben! Wir haben doch darüber gesprochen; es ist schließlich ähnlich!“*
– *„Ja, wenn man über das Leben etwas weiß, so kann man über den Tod etwas ahnen.“*
– *„Früher haben sich die Menschen die Eule als ein besonderes kluges und weises Tier vorgestellt, das Tier der Philosophen.“*

Im Eifer des Gesprächs scheinen sich fast zu viele Gedanken zu begegnen und zu kreuzen. Dennoch haben sich Strukturen und Grundgedanken zum Thema „Tod" herauskristallisiert, die später in zukünftigen Reflexionen oder Gesprächen wertvoll sein werden: Leben und Tod gehören zusammen, sind ähnlich wie Anfang und Ende, wie Ursache und Wirkung – der Tod ist eine natürliche Begebenheit wie die Geburt und beide kann man nicht „erfahren", so tun „als ob".
– Es gibt verschiedene Formen des Wissens: ahnen und wissen. Vielleicht sind Geburt und Tod Gegenstände des „Ahnens".
– Es gibt ein Tier, das vieles ahnt und voraussieht: die Eule. Ein solches Gespräch über die Weisheit der Eulen kann zum Malen anregen. Nach diesem Gespräch entstanden spannende Eulenbilder.

Beim nächsten Stadtbesuch wurde einen Eulen-Stempel gefunden (s. Abbildung), über die Eule nachgeforscht.

Für die kleine Miriam war das Gespräch wichtig nach dem Tod des Meerschweinchens: Oft hilft das Gespräch, später und allgemein gehalten (hier anlässlich der Beschäftigung mit der Eule), mehr als ein konkretes Gespräch über den „Trauerfall" sofort danach.

5. „Als du noch nicht da warst . . . " diese Zeit vor der Geburt . . .

Wie oft sagen wir: „Als du noch nicht da warst . . . „, ohne darüber nachzudenken, ohne zu überlegen. Doch enthält dieser Satz einige Fragen: Wann ist es, dieses „als"? Was ist dieses „da"? Wo war ich dann? Logischerweise stellen sich Kinder auch diese Fragen. Und eigentlich müsste es heißen: das Leben vor der Zeugung. Wenn Kinder von der Zeit vor der Geburt sprechen, so denken sie nicht unbedingt an die Zeit im Mutterleib, sondern einfach an eine Zeit „davor" – eben „als ich noch nicht da war". Wir Erwachsene meinen ihnen alle möglichen Informationen liefern zu müssen über Zeugung, Schwangerschaft, Geburt. Doch gehen ihre Fragen oft viel tiefer, über das rein Informative hinaus. Wäre es nicht oft besser, sie den Weg ihres phantasiereichen Denkens, einer so klaren Logik gehen zu lassen?

Die kleine Laura (vier Jahre alt) hat erlebt, wie der kleine Bruder kurz nach der Geburt leider diese Welt verlassen musste; sie hat die Trauer der Mutter mit großen Augen verfolgt. Die Mutter hat dann zu ihr gesagt, nun sei der kleine Bruder „bei den Engeln im Himmel und sei selber wie ein Engel". Verloren in ihrer Welt des Spielens, in der Welt der Phantasie, in der Symphonie der Farben und der Gerüche von Tieren und Pflanzen, hat sie vor allem die Tränen der Mutter gesehen. Denn es hatte plötzlich einen kleinen Bruder gegeben mit großen Augen und schwarzen Haaren, und nun würde er im Himmel sein, ein Engel. Ein Jahr später oder etwas mehr – liegt wieder ein Brüderchen mit großen Augen und schwarzen Haaren im Kinderbettchen. Laura ist begeistert!

– *„Mama! Mama! Er ist wieder gekommen! Peter ist wieder da!“*
– *„Aber Laura, du weißt, dein Brüderchen konnte auf der Erde nicht leben, er ist doch in den Himmel gegangen.“*
– *„Er ist nur kurz in den Himmel gegangen . . . du siehst doch: Es ist Peter (Peter sah auch wirklich dem verstorbenen Brüderchen sehr ähnlich); ich wusste, dass er zurückkommen würde; im Himmel kann man sicher nicht so gut spielen.“*
– *„Aber hast du nicht gedacht, dass es ein anderes Brüderchen sein kann? Dein Brüderchen ist doch ein Engel!“*
– *„Eben wenn er ein Engel geworden ist, dann kann er doch wieder zu uns kommen. Ich find's schön, dass er wieder da ist!“*

Ja, was ein Engel werden kann, kann auch wieder ein Mensch werden. Wenn dieses etwas danach sein kann als Engel, dann muss es auch davor gewesen sein – in welcher Form? Das ist eine andere Frage! Ähnlich argumentiert Platon, der dann auch das Gesetz wieder braucht von „Entstehen des Einen aus seinem Gegenteil“ – ein Gedanke, der im Gespräch über die Eule erkannt wurde: Aus dem Tod entsteht Leben. Doch was ist es mit diesem Sein im Himmel?

9: „Früher da bin ich geflogen ..."
Die Welt „hinter dem Spiegel": die Ideen, die Geister, das Schöne

1. „Früher da bin ich geflogen ..."

„Immigrierte auf unser Planet", so beschreibt die Philosophin Hannah Arendt das Kind, ein Wesen also, das aus einem anderen Ort kommt – wie der kleine Prinz –, dessen Heimat nicht die unsere ist oder auch mal die unsere war, die wir aber schnell vergessen haben. Die Geschichte vom „Kleinen Prinzen" ist also nicht so unrealistisch! Das Leuchten aus einer anderen Welt in den Augen der Kinder, die Erinnerung an ein entferntes Ursprungsland: Ist es nicht gerade das, was uns an ihnen fasziniert? Wir spüren, dass diese kleinen Wesen, so zerbrechlich einerseits – da sie noch so „ungebraucht" sind – doch andererseits so stark sind, da sie an einem ungeheurem Wissen „teilhaben" (um Platons Wort zu benutzen). Woher denn dieses Wissen?

An einem frühen Sonntagmorgen scheint die Sonne besonders freundlich in Miriams Kinderzimmer: Sie ist gerade wach geworden und da sie heute nicht in die Schule muss (sie geht schon in die 2. Klasse) können sich Mutter und Tochter Zeit nehmen mit dem Eingang in den Tag. Miriam genießt die Zärtlichkeiten der Mutter, und doch ist ihr Blick nach innen gekehrt, als würde sie sich dem inneren Ich zuwenden.

- *„Hast du denn gut geschlafen, Miriam? Hast du schön geträumt?"*
- *„Ich bin wieder geflogen ..."*
- *„Heute Nacht, im Traum bist du geflogen?"*

„Im Traum" wird gar nicht beachtet: sie „ist einfach geflogen".

– *„Ich bin geflogen . . . Weißt du, früher bin ich schon mal geflogen."*
– *„‚Früher'? Wann denn?"*
– *„Früher, bevor alles anfing; da warst du noch nicht da."*
– *„Als du noch nicht geboren warst?"*
– *„Ja, und manchmal kann ich's wieder; das ist so schön, da möchte ich nicht mehr wach werden . . . Ich habe manchmal Angst, es zu vergessen, das Fliegen!"*
– *„Ja, da ist man in einer anderen Welt, und dann muss man doch wieder zurück."*
– *„Aber, Mama, ich bin wirklich geflogen!"*

Der klare Blick, die sichere Stimme . . . die Mutter fühlt sich ertappt, als wollte sie sich aufschwingen, eintreten in diese andere Welt, diese Welt, in der man fliegen kann und vieles andere mehr und – wie Ikarus – es doch nicht schafft, denn nur wer in beiden Welten „zu Hause" ist weiß, dass beide Realität sind (Miriam ist natürlich „wirklich" geflogen!). Es ist auch nicht die Wirklichkeit der Phantasie wie in „Peter Pan", sondern es ist eine „andere" Welt, die unserer nahe ist, doch in einem anderen Zustand . . .

– *„Und wie ist es, wenn du fliegst?"*
– *„Da sehe ich alles ganz klar, weil . . ."*
– *„. . . von oben sieht man besser, nicht wahr?"*
– *„Da gehört alles zusammen, alles ist an seinem richtigen Platz, weißt du? Es ist nicht so durcheinander wie hier – manchmal tut der Kopf weh von dem Durcheinander hier und man muss sich so anstrengen, um alles in Ordnung zu bringen. Ich bin durch die Wohnung geflogen."*
– *„Aber dann warst du gar nicht in einer anderen Welt!"*
– *„Aber (etwas ungeduldig) ich bin durch die Wohnung geflogen, Mama. Es war aber alles viel richtiger."*
– *„Meinst du ‚besser'?"*
– *„Besser? . . . ja, vielleicht . . . da ist alles richtig."*
– *„Und wie kannst du alles genau erkennen, wenn du alles ‚zusammen' siehst?"*

– *„Das geht; nur ‚da' geht es, weil . . . da ist alles einfach; man sieht auch anders, nicht wie hier; du kannst es nicht verstehen! Das geht nur, wenn man ganz oben ist!"*
– *„Ich glaube, ich verstehe jetzt, als sei ich gerade mit dir geflogen!"*

Es ist manchmal recht schwierig, durch dieses Labyrinth der kindlichen Aussagen seinen Weg zu finden. Das Kind selber kann darin leicht leben – und viele Kinder leben in ihrer eigenen Welt, die keinen Bezug zur anderen Welt hat. Doch welch eine Bereicherung, wenn das Kind dank des Dialogs seine eigene Vision nochmal erleben darf und sie in Verbindung zu seiner Erlebniswelt setzen kann! Dieses Fliegen erinnert an Platons Mythos vom Reisen der Seele.

Platon (427–347 v. Chr.) beschreibt die Seele als dasjenige, das vor der Geburt in seiner Leichtigkeit und Schwerelosigkeit sich wie ein Vogel emporschwingen konnte und so ganz nah an die Sonne kam – die Sonne als das Symbol der Idee an sich, des Lichtes und des Wissens, der Klarheit und also der Idee des Guten und des Schönen. Zu dieser Zeit hat die Seele also die Idee geschaut und in einer wunderbaren Vision des Lichtes und der Klarheit all ihr Wissen empfangen. Als sie dann in einen Körper „fallen" musste – d. h. geboren wurde –, da wurde dieses Wissen ganz weit in die tieferen Schichten des Ichs vergraben. Doch es ist da und lebt noch in einem fortwährend; es geht nur immer wieder darum, es lebendig werden zu lassen. Wenn diese Lehre manch rationalen Geistern sehr fremd zu sein scheint, weil schwer logisch nachweisbar, dann eröffnet spätestens der Umgang mit Kindern und ihrer Sicherheit über die Welt vor der Geburt einen neuen Zugang zu dieser Welt.

Plötzlich sucht Miriam Zuflucht in den Armen der Mutter:
– *„Mama, ich will das nicht vergessen, das Fliegen!"*
– *„Aber warum solltest du es vergessen?"*
Sie zögert:
– *„Kannst du auch fliegen, Mama?"*
– *„Nicht so wie du, glaube ich . . ."*
– *„Siehst du! Vielleicht vergesse ich's auch!"*
– *„Es gibt viele verschiedene Arten zu ‚fliegen'; der Mensch braucht das Fliegen, weil er doch das Klare sehen muss wie du . . ."*
– *„Jetzt will ich frühstücken!"*

Das „Fliegen" hat also viele unterschiedliche Aspekte mit verschiedenen Funktionen:

A. Fliegen ist eine Methode
Fliegen wird „benutzt“:

a. Fliegen bedeutet Beweglichkeit des Geistes, Freiheit des Geistes. Und dies ist nicht ein Bild: Die Seele fliegt wirklich, unabhängig von Raum und Zeit. Fliegen als Methode also: die Methode des Sich-Distanzierens, der Perspektive von oben. Wie oft ziehen sich Kinder zurück, setzen sich etwas abseits vom Trubel – etwa bei einem großen Geburtstagsfest: Sie sind da und doch nicht da.

b. Die Perspektive von oben allein ermöglicht, ins Innere der Dinge zu „sehen“.

c. Fliegen als ein Bedürfnis für die Kinder, als die einzige Möglichkeit, sich selbst zu sein, die Individualität zu bewahren.

d. Fliegen ist nicht etwas Einmaliges vor der Geburt; es ist Gegenwart für das Kind; das Kind ist einfach ein Wesen, das fliegen kann. Wer einmal geflogen ist, kann es auch immer wieder.

e. Dennoch fürchtet das Kind, diese Fähigkeit zu verlieren.

B. Fliegen als das Tor zu einer anderen Welt: Fliegen setzt voraus eine andere Welt, in die das Kind fliegen kann; es ist zwar unsere Welt („ich bin durch die Wohnung geflogen“), doch ihre Innerlichkeit hat eine metaphysische Dimension. Miriam spricht hier von einer Welt, in der sie fliegen konnte; einer Welt des Geistes? Eher einer Welt, in der beides, Leib und Seele, vereint waren. Eine Welt, in der man als ganzer Mensch „alles klar“ „sehen“ kann – Kinder leben nicht im Dualismus. Eine Welt vor der Geburt, wie Platon sie beschreibt, also das Leben der Seele vor dem „Fall“ in den Körper, das Leben im Mutterleib? Ist es wichtig, dies genau zu bestimmen? Wichtig ist vielleicht nur: *Es gab eine Zeit, in der das Kind (der Mensch) fliegen konnte. Es gibt eine andere Welt und diese Welt ist notwendigerweise eine Welt der Transzendenz: die Welt des Geistes, jenseits aller Beschränkungen von Raum und Zeit.*

- Kinder leben mit dem Bewusstsein einer anderen Welt; wir sollten ihnen helfen, dieses Bewusstsein sich zu bewahren.
- Sie haben Angst, diese Fähigkeit zu verlieren; wir können ihnen Vertrauen schenken, indem sie an uns sehen, dass diese Fähigkeit zum menschlichen Wesen gehört, dass Erwachsene ihre Weise des Fliegens auch haben. Kinder hören gerne von Saint-Exupéry, der untrennbar mit seinem Flugzeug verbunden war und auch in dieser Vereinigung (Freude und Rausch des Fliegens) starb.
- Wir brauchen ihr Wissen um diese Welt und die Selbstverständlichkeit, mit der sie in diesen beiden Welten leben.

C. „Pass auf, dass du nichts vergisst!"

Wir vergessen so schnell die Präsens dieser Welt; der „Verschüttungsmechanismus" arbeitet konsequent und intensiv, genauso wie Platon es schon beschrieben hatte. Darum brauchen wir die Kinder, die uns nicht nur daram erinnern, dass es diese Welt gegeben hat, sondern auch, dass diese Welt immer noch existiert, die sogar so weise sind, dass sie um das Vergessen wissen . . .

Miriam ist nun älter geworden (15 Jahre) und erinnert sich mit der Mutter an die Gespräche, an das Fliegen:

- *„Manchmal denke ich: Das habe ich nur geträumt! Aber dann steht ein kleines Mädchen neben mir und sagt: ‚Pass auf, du bist dabei, alles zu vergessen!'"*

Das Wunderbare und Einmalige am Philosophieren mit den eigenen Kindern besteht gerade in dieser Kontinuität: Die Gespräche, die als Kind stattgefunden haben, werden mit 15 oder später noch fortgesetzt; der damalige Gedanke hat sich weiter entwickelt und vertieft – vorausgesetzt, die Gedanken der Kinder werden aufgenommen und nur soweit zur Entfaltung gebracht, als dies schon in der Frage oder Aussage enthalten war.

2. Auf der Suche nach dem „Schönen“

Mit Kindern durch ein Museum zu wandern, kann ein spannendes Abenteuer sein. Und so kann ein regnerischer Tag – ideal für einen Museumsbesuch! warum nicht aus der Not eine Tugend machen? – zu einem strahlenden Tag werden, an dem Mutter und Kind die wunderbarsten Entdeckungen um den Begriff des „Schönen“ machen, womit wir Erwachsenen uns so schwer tun in der heutigen Zeit. Aber es muss nicht das Museum sein. Jede Familie hat bei sich Bilder, tausendmal „gesehen“ und vielleicht noch nie „angeschaut“. Für Kinder gibt es „schöne“ und „nicht-schöne“ Bilder: Sie haben ganz dezidierte Meinungen über Kunstwerke, über das, was ein „schönes“ oder ein „blödes“ Bild ist.

Durch das Fenster im Wohnzimmer scheint die Sonne besonders lieblich auf das Bonnard-Bild an der Wand und spielt durch das Laubwerk auf dem Bild (das Bild stellt einen gedeckten Tisch dar – mit einer Tasse und ein paar anderen Gegenständen – im Grünen, alles etwas „verschwommen“ wie die Kinder sagen werden und wie die Impressionisten gemalt haben). An diesem warmen Nachmittag schmeckt der Saft besonders gut nach dem Austoben im Schwimmbad. Mutter und Kind sind zufrieden. Plötzlich sagt Veronika, Leilas Freundin (acht Jahre):

- *„Der es gemalt hat, hat seine Brille vergessen: Das ist ganz verschwommen.“*
- *„Aber er hat es vielleicht so gesehen, nicht wie ein Fotograf, sondern wie ein anderer es sieht.“*
- *„Wie meinst du das?“, fragt die Mutter. „Der Maler hat nicht wie ein Fotograf gemalt; dann wäre es nicht ‚verschwommen‘. Aber was ist ein anderer?“*
- *„Also: Wie wenn er es von weitem gesehen hätte; er ist nicht beim Bild, am Tisch, er ist einfach ein Anderer.“*
- *„Genau: Er sieht irgendwie anders, eben „verschwommen“; deutlich malen kann jeder.“*
- *„Muss man also wie ein anderer sehen oder kurz wie ein*

Anderer sich stellen, um so malen zu können?", fragt die Mutter.

– *„Ja, weil ... da sieht man von weitem ... und sieht andere Dinge."*

– *„Ich find' das Bild ganz schön", meint die kleine Schwester, träumend das Bild betrachtend.*

Die Mutter denkt unwillkürlich, sich an andere Situationen erinnernd: Nun ist es so, als würde sie fliegen und hinter dem Bild etwas sehen.

– *„Aber was ist schön, der Tisch, die Bäume?", fragt dann noch die Mutter.*

– *„Nein!", meint Eric. „Dass nichts genau ist ... es gibt noch etwas und das sieht man nicht ... (und ganz plötzlich) da, ganz hinten, da ist es offen in den Bäumen; vielleicht ist da etwas versteckt ... das find' ich schön!"*

– *„Also ist ‚schön', wenn in einem Bild etwas versteckt ist, das man spürt und entdecken muss?", fragt die Mutter.*

– *„Ja, genau."*

Neben der Freude am Verstehen – oder am Versuch zu verstehen –, warum ein Bild „schön" ist, was ein Bild interessant macht, werden die Kinder in der Zukunft dieses Suchen nach dem „Geheimnis" des Bildes immer wieder praktizieren und Freude daran haben.

Doch das allein – das Geheimnis, das Verborgene – macht noch nicht das Kunstwerk aus für die Kinder. Später ergibt sich noch ein anderes Gespräch.

Nun ist es Winter und alle haben sich in der Küche eingefunden nach einem kleinen Spaziergang draußen. Nachdem jeder mehr oder weniger für sich gemalt oder gezeichnet hat, ist die Idee aufgekommen, man könnte sich gegenseitig porträtieren. Auf Drängen der Kinder hat die Mutter zu Beginn einige Strukturen angeregt: Augen, Nase ... und ihre Beziehung zueinander. Dann werden die Bilder verglichen:

– *„Bei Leilas Bild find' ich die Haare schön!", sagt Miriam.*

– *„Ich finde Leilas Bild schön, weil das Ganze schön ist; nur ein Teil kann nicht schön sein."*

– *„Warum?", wundert sich die Mutter.*

- *„Weil . . . da muss doch alles zusammen passen: Haare mit Augen . . .“*
- *„Also du meinst, ‚schön‘ betrifft immer das Ganze.“*
- *„Genau, dann ist es schön.“*
- *„Deswegen ist ein Bild schön, wenn ich es allein gemalt habe.“*
- *„Aber vielleicht mit deinem besten Freund könntest du ein schönes Bild malen?“*
- *„Geht nicht“, wendet Christian, Erics Freund ein, „ich kann auch nur mit meinem Bruder ein schönes Bild malen, weil er fast wie ich ist.“*
- *„Allein malen ist wichtig; sonst ist das Bild durcheinander; es gibt dann viele Teile.“*
- *„Ihr meint, ein gutes, ein schönes Bild ist, wenn es ein Ganzes ist, wenn alle Teile sich sozusagen die Hand geben und sich nötig haben.“*
- *„Genau! . . . schau!“ Christian hat seine Augen auf Erics Gesicht gemalt!*
- *„Ist doch klar“, meint Leila, „Eric ist sein Freund und den kennt er also auch gut!“*

Dieser letzte Gedanke wäre der Ausgangspunk eines neuen Gesprächsthemas: Erkenntnis des Anderen ist Selbsterkenntnis. Was ist Freundschaft? Wie schon erwähnt, ist es oft wichtig, abzuwägen zwischen den Themen, um das herauszusuchen, das „lebenskräftig" ist, würde Sokrates sagen, das heißt: uns im Gespräch weiter bringt, an dem Punkt der Diskussion von Gewicht ist.

Zwei Gedanken sind es:

- der Gedanke der Ganzheit: eine Hilfe für weitere Urteile: der Teil lebt dadurch, dass er in ein Ganzes einbezogen ist.
- dem Gedanken der Ganzheit liegt das Bewusstsein der Einheit des schöpferischen Vorgangs zugrunde: „Ein Bild ist schön, wenn ich es allein gemalt habe", die dem Kinde in zweierlei Hinsicht hilfreich sein können:
- beim Wahrnehmen von Kunstwerken – vielleicht ihrer eigenen Bildern und der ihrer Freunde (Bedeutung des Ganzen –, was nicht heißt, dass die Teile nicht ihren Wert haben),

- bei der Bildung ihrer Persönlichkeit: Hier wird die Bedeutung des Ichs hervorgehoben, der Einheit und des Wertes dieses Ichs – was in einer Zeit von Gruppenzwang nicht unbedeutend ist. Dies mindert natürlich nicht die Bedeutung der Gruppe – und Kinder malen wunderschöne Bilder in Gruppen.

3. Zaubern und Magie (die kleinen Magier. . .)

A. Die Geister um Hilfe rufen

„Am Zaubern finde ich toll, dass Dinge möglich sind, die es sonst gar nicht gibt" . . . „Beim Zaubern können Dinge nicht sein, die normalerweise da sein müssten" . . . Zaubern . . . Wegzaubern . . . sich Wegzaubern oder sich unsichtbar machen . . . Sein und Nicht-Sein . . . Spiel mit Sein und Nicht-Sein . . . Kinder lieben das Zaubern, verkleiden sich gerne als Zauberer . . . Doch was bedeutet es ihnen? Was bedeutet es uns?

Miriam hat Geburtstag; alle Freunde haben sich versammelt und warten gespannt. Im gewohnten, vertrautem Raum hat sich wie ein Schleier eine besondere Stimmung verbreitet: Spannung, Erwartung, Geheimnisvolles und doch Realistisches, als würden nun zwei Welten zusammentreffen. Man „riecht" schon die Magie: Mathias, der an einem Zauberkurs teilgenommen hat, wird einen Zaubertrick vorführen.

Auf dem Tisch hat er schon den Zauberkasten aufgebaut. Ein Kasten, bunt bedruckt – mit Spinnen . . . Totenkopf . . . Die Mutter schreckt zusammen: Es passt nun gar nicht zu ihrer Vorstellung von Magie und Zauber: Es fehlt der Zauberhut, der große, weite Umhang des Zauberers, mit Mond und Sternen geschmückt, eine Welt des Traumes und des Einsseins. Doch nun greift er zum Zauberstab. Den Zauberstab in der Hand und sehr konzentriert, spricht Mathias die Zauberformel und führt nun seinen Trick vor: wie ein Blei-

stift aus einer Tüte verschwindet und plötzlich in seinem Schuh erscheint. Er schaut alle an und alle Blicke richten sich auf ihn. Sicher, er hat es so gelernt. Doch im Moment drückt sein Blick höchste Konzentration aus, die ganz spontan von innen kommt, als würde Mathias die Zuschauer in eine andere Welt hinüberführen wollen . . . in diesen Bann fühlt sich die Mutter hineingezogen.

Später, nachdem alle Gäste schon weg sind, sitzen Miriam, ihre Mutter, die Geschwister und natürlich der kleine Zauberer in der Küche am großen Tisch bei Kerzenlicht: Es ist immer wichtig, den Tag ausklingen zu lassen. Und wie bei den Erwachsenen ist das Gespräch am Ende eines langen Abends fast noch das Wichtigste, das, was jeder noch mal mit sich nach Hause nimmt, der Anschluss an die Realität.

- *„Ich finde, der Zauberspruch ist schön", sagt Mia, die ganz kleine Schwester.*
- *„Ja, aber er bedeutet gar nichts", entgegnet Jonas, der große Bruder, „man kann nichts verstehen."*
- *„Zaubersprüche kann man nicht verstehen; die muss man auch nicht verstehen", entgegnet Mathias.*
- *„Dann sind sie aber doch unnötig", meint wieder Jonas.*

Mathias schaut ganz verständnislos; die Mutter spürt, dass sie ihm zu Hilfe kommen muss:

- *„Meinst du, dass alles was man nicht versteht, auch unnötig ist, Jonas?"*
- *„Der Zauberspruch ist gerade nicht unnötig: damit muss ich die Geister zur Hilfe rufen", verteidigt sich Mathias.*
- *„Aber dann musst du den Zauberspruch verstehen!"*
- *„Die Geister verstehen den Zauberspruch und das ist das Wichtigste: Mit dem Zauberspruch muss ich sie zur Hilfe rufen."*
- *„Ich hab's: dann ist es die Sprache der Geister", meint Jonas, aber warum reden sie so eine komische Sprache: sie sind doch klug . . ."*
- *„Gerade darum: Sie gehören einer anderen Welt an; sie sind ganz anders als wir; aber ein bisschen so wie wir."*
- *„Wie meinst du das, Mathias?", fragt die Mutter.*

– *„Vielleicht sind sie wie wir, wenn wir überall sein könnten und früher und jetzt. Sie können nichts sehen und nichts hören und sehen und hören doch alles."*
– *„Ja, so sind Geister, und manchmal wünschen wir uns, wir könnten genauso sein", ergänzt die Mutter.*
– *„Ein bisschen sind wir auch so, sonst könnte man nicht mit ihnen in Verbindung treten – beim Zaubern . . ."*
– *„Wir haben auch einen Geist", meint die Mutter verständnisvoll.*
– *„Aber das habe ich nicht gemeint", entgegnet schnell Mathias, „ich meine : wir ‚sind' Geister – manchmal . . . es ist doch ein Unterschied, ob man etwas ‚hat' oder ‚ist' . . ."*
– *„Ja, vielleicht können wir nur deswegen zaubern, weil wir irgendwo auch ‚Geister' sind, also die ‚Geheimsprache' der Geister auch verstehen."*
– *„Nicht ‚verstehen'," korrigiert Jonas . . .*
– *„ahnen oder wissen können . . ."*

Das Gespräch über das Zaubern hat also alle Kinder weit darüber hinaus getragen, weit über das Thema „Zaubern" hinaus, in die Welt der Transzendenz, in die Welt der Geister, jenseits von Raum und Zeit, in eine Welt, die alle menschlichen Kategorien übersteigt. Und wir sehen, wie Kinder ganz präzis sehr komplizierte philosophische Sachverhalte beschreiben, wie hier die „Geistwesen" als Wesen, „die nichts sehen und nichts hören und doch alles sehen . . ." Ein Gespräch über ihr eigenes Tun – hier das Zaubern – lässt bewusst werden, was Zaubern bedeutet: an einer anderen Welt teilnehmen, einer Welt des rein Geistigen.

B. „Wenn man zaubert, ist man wie ein König"

Kinder durchschauen sich und ihr Handeln. Sehr schnell erkennen sie, dass Zaubern auch Macht bedeutet, dass Wissen Macht ist:

– *„Wenn man zaubert, ist man wie ein König, der über viele Länder regiert, der mächtig ist; das finde ich toll!"*

– *„Aber dann benutzt du deine Macht und hast sie, weil die Menschen dumm sind.“*
– *„Stimmt nicht!“, wehrt sich Mathias. „Gerade wenn man ein großes Wissen hat über Dinge, die nicht alle wissen, da muss man vorsichtig sein.“*
– *„Aber du hast doch gesagt, dass die Geister dir helfen“, erinnert Jonas.*
– *Das Wissen ist aber stärker als die Geister, und sie müssen sich auch an die Formel halten und so machen, dass nicht das Gegenteil passiert, z. B. statt dass etwas größer wird, wird es plötzlich kleiner“, erklärt Mathias.*
– *„Wie bei ‚Alice im Wunderland‘: Da funktionierte das Zaubern gar nicht und alles ging durcheinander; immer passierte das Gegenteil von dem, was beabsichtigt war.“*
– *„Darum“, fasste die Mutter zusammen, „ist es wichtig, sich zu konzentrieren und den Anweisungen ganz genau zu folgen . . .“*
– *„. . . dann ist man nämlich ein guter Zauberer und kein böser Hexer.“*
– *„Wir haben ja schon gesehen, zum ‚guten‘ Denken gehört Konzentration, Langsamkeit, damit man nachdenken kann und schließlich eins nach dem anderen sich vornehmen.“*
– *„Das ist doch für den Zauberer auch wichtig, damit er sich nicht noch zerstört, wie in der Geschichte ‚Der Vogel und der König‘ (ein alter Zeichentrickfilm, den die Kinder sich mit den Eltern angeschaut hatten, mit dem alten Thema des Zauberlehrlings – ein Thema, das Kindern, wie wir schon gesehen haben sehr vertraut ist). Ich finde, zaubern macht Angst“, sagt Mathias zögernd.*
– *„Aber du weißt, dass die Geister bei dir sind, dass du selber auch manchmal ein Geist sein kannst, der ‚nichts sieht und doch alles sieht‘, du bist bestimmt ‚ein guter Zauberer‘, Mathias!“*

Unsere „kleinen Zauberer“ sind eigentlich „große Magier“ im ursprünglichen Sinne des Wortes (Magie und Zauberkunst stehen nahe beieinander): Wenn der Zauberer im etymologischen Sinne (Zauber = germ. Zaubermittel) derjenige ist, der die Geheimschrift lesen kann, so ist der Magier in der persischen Philosophie derjenige, der die Träume verstehen kann, der also mit einer anderen Welt in Verbindung steht. Die Verbindung mit einer anderen, nicht-menschlichen Welt – einer transzendenten Welt – ist es, die dem Kind erlaubt, ein Zauberer zu sein, die ihm ein Wissen vermittelt, dessen Auswirkungen es eigentlich überfordern. Dies trifft natürlich nicht nur auf das Kind zu: Welcher Erwachsene ist nicht mit vielen heutigen Erkenntnissen überfordert? Nur: Das Kind ist sich dessen sehr bewusst – es hat ein sehr ausgeprägtes ethisches Bewusstsein und braucht schon aus diesem Grund das philosophische Gespräch mit dem Erwachsenen.

C. „Bist du eine Zauberin? Du siehst so aus"

Sie wissen, Kinder verkleiden sich so gerne als Zauberer und diese Verkleidung scheint für sie eine ganz andere Aura zu besitzen: Es hat etwas Feierliches, Mächtiges, etwas von der Nacht (der Mantel des Zauberers ist oft dunkel wie die Nacht) und vom Licht des Tages und der Erkenntnis (welche Mutter hat nicht schnell auf den dunkelblauen Hintergrund ein paar Sterne und den Mond geklebt oder gestickt?). Hierin zeigt sich wieder ihr Verlangen nach Einheit, nach Ganzheit, nach Stimmigkeit: Einklang von Äußerem und Innerem:

Im Kinderzimmer sitzen die Geschwister mit zwei Freunden um den neuen Zauberkasten wie in einem Verschwörer-Kreis und flüstern. Die Tür geht auf und alle Kinderblicke schauen gebannt auf eine sehr auffallende Gestalt: die beste Freundin der Mutter, mit wallendem hellem Haar, einer wunderschöne alte Kette mit dem Zeichen des Halbmondes, und vor allem umhüllt von einem nachtblauen, mit Gold bestickten Tuch . . .

– *„Bist du eine Zauberin?", fragt Mathias, Jonas' Freund.*
– *„Ich denke, ihr seid Zauberer!", wundert sich Marguerite.*

- *„Ja, aber du siehst wie eine Zauberin aus, also bist du eine Zauberin."*
- *„Ich bin keine Zauberin ..."*
- *„Dann bist du eine Zigeunerin ... Zauberin ... Zigeunerin; Zigeuner können auch zaubern ... wir haben einen Zauberstab ... Bleibst du bei uns, weil du ein Zaubertuch hast?"*

Die Kinder haben es genau erkannt: Zaubern ist der Einbruch des Transzendenten in unsere alltägliche Welt. Als Zauberer sind die Kinder wie die spielenden Götter der Antike, die sich Bälle zuwerfen nach Gesetzen, die dem Anfang der Zeit entspringen, ihnen also höhergestellt; Gesetze , die der „logos" selber sind. Immer wieder stehen Kinder an diesem Anfang und das Spiel bedeutet ihnen immer Ernst. Hat nicht Rilke gesagt: „Und jedem Anfang wohnt ein Zauber inne?"

D. „Jedem Anfang wohnt ein Zauber inne"

Den Zauber in allen kleinen Dingen zu sehen: Das macht schließlich Kinder zu den einzigen wahren Zauberern – und zu den wahren Künstlern („Kunst ist Kindlichkeit" hat Rilke gesagt). Kinder können „fliegen" und darum viel besser als wir ins Innere der Dinge „sehen". Und so sind sie die wahren Magier, denn was ist Magie anderes als zu sehen, was hinter den Erscheinungen ist? Oder zu sehen, was im Innersten der Träume schlummert? Die Magier waren früher Traumdeuter.

4. Engel und Schutzengel ...

Für Kinder gibt es eigentlich keine Brüche. So wie Leben und Tod in einem sinnhaften Zusammenhang stehen, so stehen Menschen auch mit reinen Geistwesen – solche sind zum Beispiel liebe verstorbene Menschen ... – in einem ganz natürlichen Umgang.

Anna erklärt ihrer Mutter, wie sie manchmal Hilfe braucht und auch immer bekommt.

– *„Weißt du", da frag ich die Oma.*
– *„Die Oma? Sie lebt doch nicht mehr und du hast sie nie gekannt", wundert sich die Mutter.*
– *„Aber ich kenne sie, sie hilft mir immer."*
– *„Wieso kennst du sie, Anna? Ich habe dir viel von deiner Oma, von meiner Mama erzählt; vielleicht meinst du deswegen, du würdest sie kennen?"*
– *„Sie weiß immer alles, weil sie alles sieht, obwohl sie nicht sehen kann, und wenn ich die Augen zumache oder alles drumrum nicht sehe, dann sehe ich sie . . . und dann beschützt sie mich.*

Kinder haben also spontan ein Verständnis für reine Geistwesen, da sie ganz natürlich mit dem Tranzsendenten leben, d. h. mit dem Nicht-Räumlichen und Nicht-Zeitlichen. So tragen Kinder ganze Welten in sich oder stehen mit vielem in Verbindung, ein wunderbarer reicher Kosmos, den wir ihnen bewahren sollten, zumal diese Vorstellungen begründet erscheinen, wie wir es gesehen haben.

Einiges versuchen wir mit allerlei Anstrengung des Geistes und der Emotionen zurückzuerobern. Wie viel leichter und sinnvoller, wenn wir einfach den Reichtum des kindlichen Wissens uns zu bewahren versuchten! Und welch ein Glück, wenn wir als Erwachsene teilhaben dürfen an ihren Reflexionen! Unsere Freude besteht dann auch in dem Vertrauten dieser Überlegungen, da wir alle einmal Kinder waren.

10. Vor der philosophischen Reise Gedanken und Anregungen

Philosophieren mit Kindern, ein langer Weg, eine Begegnung mit sich selbst – des Kindes mit sich wie auch des Erwachsenen mit sich; für uns, Vater oder Mutter, eine Begegnung mit der eigenen Kindheit, mit der eigenen Geschichte – dies vor allem, wenn es um das Philosophieren mit den eigenen Kindern geht. Es ist auch eine Begegnung mit der Welt (mit den Elementen, mit der Zeit, mit Tier- und Pflanzenreich) und schließlich mit dem Übersinnlichen (Geistwesen, Tod und was danach kommt). Gesetzt in eine Welt voller Geheimnisse, lebt das Kind die Begegnung mit sich selbst und mit der Welt zuerst wie selbstverständlich; es „kennt" noch nicht die Welt, auch nicht sich selbst. Beim Philosophieren mit Kindern ereignet sich Erkennen: Das, was einfach, ganz „natürlich" da war, kann nun auch gedanklich „er-fahren" werden. Denn Erkennen wie auch Begegnen ist für das Kind immer Er-fahren, d. h. durch die Dinge – oder die Gedanken – hindurch„gehen" fast im konkreten Sinne: die Gedanken beim Gehen entstehen lassen. Kinder besitzen wirklich die Kunst, im Präzisen, Konkreten das Abstrakte, Wesentliche zu erfassen. Wenn, wie wir gesehen haben, das Kind sich mit dem Gedanken des Todes beschäftigt, dann ist sein Denken ein sinnliches „Er-fahren": Es legt sich hin, macht die Augen zu, überlegt, „ist es so, wenn man tot ist?" – und zu dieser Erfahrung braucht das Kind die Gegenwart des Erwachsenen, der ihm die Sicherheit gibt. Wenn wir uns wie Saint-Exupéry auf dieses Abenteuer des „Staunens, Fragens, Nachdenkens" einlassen wollen, wenn wir uns in diese „Wüste" des Neubeginnens begeben wollen , so müssen wir auch Erkennen als Erfahren, Begegnen verstehen, so müssen wir andere Denkweisen „zu Hause" lassen, um andere – die des Kindes –, auszuprobieren. In die Wüste geht man jedoch nicht unvorbereitet, denn sie stellt meistens ein fremdes Milieu dar. Die philosophische Reise ist auch eine Reise in ein unbekanntes Land (das Land unseres Kindes) mit einer fremden Architektur (die Vorstellungen unserer Kinder), mit „fremden" Menschen (unseren Kinder; wir haben gesehen, wie befremdend ihr Verhalten, manche ihrer Äußerungen sind). Wie vor einer Reise in die Wüste werden wir uns überlegen müssen:

– Was nehme ich mit?
– Was lasse ich zu Hause?

1. Was lasse ich am besten zu Hause?

– „Alle" vielleicht nicht, doch viele vorgefassten, anscheinend „sicheren" Meinungen, alle „klugen" Gedanken wie z. B., dass, wenn es einen Gott gibt, er unbedingt gut sein muss („Das wissen wir doch nicht", hat mal ein Kind gesagt, „wenn Gott das Größte ist, dann muss er auch böse sein können" – gehört nicht viel Mut zu einer solchen Aussage?). Wir müssen die Haltung des Philosophen Sokrates einnehmen, der sagte, er „habe keine klugen Gedanken", er würde nur anderen helfen, was in ihnen ist zu erkennen und weiter zu entwickeln (z. B.: Was fangen wir an mit dem Gedanken: „Wenn Gott das Größte ist . . .?"). Das Land, das wir mit dem Kind bereisen, ist ein Land, in dem es keine fertigen Urteile gibt, in dem alles überdacht werden kann, in dem es keine Denk-Verbote gibt.
– Überhaupt den Gedanken des „sicheren" Gedankens, der „Sicherheit", der „Gewissheit". Für den Philosophen Descartes besteht die einzige Sicherheit in dem Satz: „Ich zweifle, ich denke, ich bin." Und hat nicht Sokrates gesagt: „Das einzige, was ich weiß, ist, dass ich nichts weiß." Die vielen „Was-" und „Warum"-Fragen der Kinder stellen unsere so genannte Sicherheit auf die Probe. Doch

schenkt uns das Philosophieren mit Kindern die einmalige Chance, mit ihnen zu erkennen und zu erleben, dass tatsächlich der bescheidene Satz Sokrates': „Ich weiß, dass ich nichts weiß" Kraft bedeutet, Hoffnung, „Gewissheit" und also vielleicht sogar die einzige „Sicherheit" uns gewährt.

- Jegliche Art von „Maske" sollen wir vergessen; die Maske, die wir schnell aufsetzen, um so viele „wichtige" Aufgaben zu erledigen: z. B. die Maske der gestressten Mutter (oder Vater), die doch putzen, aufräumen oder Unterricht vorbereiten muss und gar keine Zeit hat für „die ganz wichtigen Gedanken" der Kinder, oder der Lehrerin, die doch ihren Schülern das Rechnen beibringen muss und keine Zeit hat für die Überlegung: „Was ist eine Zahl?" Kinder entlarven schnell diese Masken und entdecken das Unvermögen, den Unwillen oder die Faulheit, die sich hinter diesem Verhalten verbergen. Also ist es ratsamer, die Maske vor der Reise „zu Hause" zu lassen.
- Den „Ernst" des Erwachsenen, der sich in einer Sache verbohrt, nicht mehr über ihren Rand schauen kann und dadurch eingeschränkt bleibt in seinen Denkmöglichkeiten, der die Bereicherung durch die Phantasie vergessen hat. Dieser Ernst heißt hier Unbeweglichkeit, die Angst, weiter zu gehen und weiter zu denken, also ein Hindernis auf unserer philosophischen Reise.

2. Was ich alles mitnehmen muss:

Zuallererst würde Sokrates sagen: den „pädagogischen Eros", d. h. das liebende Interesse am Kind, die Neugier um diesen Reichtum der Gedanken und der Weisheit, den wir in ihnen spüren, die Freude am Begleiten, am Entstehen der Gedanken, am gemeinsamen Weg, die bescheidene Haltung des Reisenden, also:

- Den Ernst unserer Kinderseele sollen wir mitnehmen. Der Ernst des „Ganz-dabei-Seins", des Lebens im Augenblick – wie die Kinder im Augenblick ihres Spielens immer „da" sind. Bereist man ein Land, so muss man sich auf die Traditionen dieses Landes einlassen, um es wirklich zu verstehen und somit etwas „er-fahren" zu können; das allein macht uns reicher und gibt uns vielleicht auch Anregungen für unsere Lebensgestaltung, so wie Kinder auch im Spiel neue Lebensmöglichkeiten in allem Ernst ausprobieren.

- Unsere Kindesseele überhaupt sollen wir mitnehmen, eine Seele, die spielen kann, staunen kann, die gierig ist nach Erkenntnis und für die es keine „dummen" Gedanken geben kann, kurz unsere kindliche Phantasie (anders als die der Erwachsenen kennt sie keine Grenzen), die uns weiterbringt auf dem Weg der Erkenntnis: Wenn z. B. Kinder einen Joghurt-Becher als Tisch für die kleinen Puppen deklarieren, so haben sie eine neue Definition von „Tisch" erfunden (ein Gegenstand, auf dem gegessen werden kann – er muss nicht unbedingt Beine haben!), eine Definition, die viel besser zu allen möglichen Tischarten passt.
- Den Mut der Kinder, sich immer wieder auf den Weg zu machen. Hat nicht ein französischer Dichter, Charles Péguy, den großen Philosophen, René Descartes, so beschrieben: „ce chevalier francais parti d'un si bon pas"? (dieser französischer Ritter, der sich so tapferen Mutes – oder besser: mit so sicherem Schritt – auf den Weg begab). Dies ist die Haltung des Philosophen.
- Die Wärme und die Liebe des Vaters, der Mutter oder des Erziehers, die Freude haben an dem erwachenden Erkenntnisdrang des Kindes, die bereit sind, das Kind an die Hand zu nehmen, um es sanft auf seinen Gedankenreisen zu begleiten, ihm Mut und Vertrauen durch ihre liebevolle Begleitung zu schenken. Kurz: Mitnehmen sollte man das, was Sokrates den „pädagogischen Eros" genannt hat und der am besten erlebt wird, wenn man Sokrates in den platonischen Dialogen leben sieht. Mit pädagogischem Eros versteht Platon die Liebe zum Anderen und vor allem zu all dem Schönen im Anderen oder besser gesagt zu

dem, was in einem schlummert, was möglich ist, was zum Erwachen bestimmt ist. Es ist gleichzeitig das Schönste an der Eltern- oder Erzieher-Liebe. Wer sich dem hingibt, wird alles vorhin Aufgezählte mitnehmen. Alles andere ergibt sich dann von selbst.
- Die Flexibilität, die das starre Halten an festen Regeln meidet und erlaubt, auf die Fragen der Kinder einzugehen. Kurz: die Bereitschaft, weiterzuwachsen.

3. Reiseplan? Reiseroute?

Was ist nun aus unserer in der Einleitung skizzierten Reiseroute geworden? Wir sind nun am „Ende" unserer Reise angelangt und natürlich bei der „Begegnung mit dem Übersinnlichen, dem Geistigen, der Idee" – also bei dem Höchsten. Es lässt einen etwas kritisch schmunzeln . . . haben wir es nicht in der Schule schon gelernt? Der Weg der Steigerung . . . und selbstverständlich nach oben! Nun, der skizzierte Weg „nach oben" ist hier von der Sache her begründet – metaphysisch sozusagen – und nicht um einen „schönen" Aufsatz zu schreiben!

Doch hat jedes Kind „seine eigene Reiseroute" und manch einer „fängt" lieber mit dem Ende an, wie dieser kleine Junge, dessen Welt wirklich beherrscht war von der Idee des Schönen. Für ihn gab es nicht einfach ein Buch, sondern es war immer nur „ein schönes Buch". Vielleicht würde also für ihn das Philosophieren mit dem Schönen (die Idee, das Übersinnliche . . .) beginnen. Dieser kleine Junge hat später immer noch von der Schönheit der Dinge gesprochen – als Mathematiker sogar von der „Ästhetik" (von dem Schönen) einer mathematischen Lösung!

Wenn es keine bindende Reiseroute gibt, so ist der „tägliche" Weg – jede einzelne Etappe sozusagen – ganz genau beschrieben:
- Die „Ankunft" ist unbestimmt: Zu zahlreichen Fragen gibt es keine Antwort; die einzige sichere Ankunft ist diese

Pause des Konsens: der Moment des Sich-Einigens in einer Zwischenlösung; doch meistens geht es dann weiter;
- Der Ausgangspunkt ist dagegen definierbar: Es ist der Alltag.

Folglich gilt hier ganz besonders die etwas abgedroschene Aussage: „Der Weg das Ziel". Eine Aussage, die philosophisch begründet werden kann nach Aristoteles: Jedes menschliche Handeln, das nicht auf das Hervorbringen eines Gegenstandes aus ist, zeichnet sich dadurch aus, dass es sein Ziel im Handeln selber hat: Der Pianist z. B. hat sein Ziel nicht am Ende seines Spiels erreicht, sondern natürlich während des Spielens. So auch beim Denken.

„Alltag" bedeutet hier für das Kind weder Routine noch Abgestumpftsein, sondern das Staunen, Fragen, Nachdenken des Kindes aus seinem Alltag heraus, aus seiner Wirklichkeit heraus, einer Wirklichkeit, die meistens selbstverständlich erscheint (ein Stein am Straßenrand, wie wir gesehen haben). Das Besondere am Philosophieren mit den eigenen Kindern oder Enkelkindern ist, dass dieser Alltag ein gemeinsamer Alltag ist (Mahlzeiten, Pausen am Küchentisch, Festlichkeiten). Darum sind Kinder Philosophen. In seinem Werk „Der Mythos des Sisyphos" beschreibt Albert Camus, wie das Philosophieren in dem Moment anfängt, an dem ich mich frage, warum ich jeden Tag immer wieder aufstehe, mit der Straßenbahn zur Arbeit fahre, das „warum" erscheint plötzlich! Wenn Alltag für uns Erwachsene natürlich Routine bedeutet, das, was uns das Leben oder eher das Funktionieren im Leben ermöglicht, so verbindet das Kind mit Alltag ganz andere Vorstellungen: Rituale, die regelmäßige Wiederholung bestimmter Handlungen, also: Ruhe, Aufgehobensein, eine gewisse Sicherheit, die Ruhe, in der sich das Fragen entwickeln kann, wenn der Blick einfach auf den Gegenständen ruht. So kann z. B. der Stein am Straßenrand erst in seinem alltäglichen Dasein wahrgenommen werden und in ihm der Edelstein entdeckt werden; an einem Festtag wie z. B. an einem Geburtstag würde er in der Masse der anderen Ereignisse untertauchen und nicht wahrgenommen werden können. Der Alltag erfüllt hier zwei Funktionen:

A. Er ist die Situation, in der am besten philosophiert werden kann: Kinder können am besten im vertrauten Rahmen, in der Ruhe, in Sicherheit philosophieren. So ist es nicht verwunderlich, wenn Kinder ihre Fragen oft mitten in den „stressigsten" Familiensituationen stellen (wenn die Mutter oder der Vater am Kochen ist.).

B. Der Alltag liefert aber auch die Themen der Gespräche (das Aufgehen der Sonne, die fremden Sprachen, wovon manchmal nur Fetzen aufgenommen werden).

Denken ist für das Kind ein Spiel. Es hat Freude am Fragen, Nachdenken, Systeme entwickeln, am „Durchspielen" von verschiedenen Möglichkeiten (Utopien). In der griechischen Antike galt das Philosophieren als ein Spiel. Es nahm sogar die Form des Wettkampfes an: So wie Wettkämpfe geführt wurden auf dem Sportplatz, so wurden auch Gedankenwettkämpfe geführt bei den Symposien (Gastmahl, bei dem man sich traf unter Freunden zum Speisen und um über Themen zu diskutieren). Das schönste und beeindruckendste Beispiel eines solchen Gedankenwettstreits ist wohl Platons „Symposion" (auch „Gastmahl" oder, in der neuen Übersetzung, „Das Trinkgelage" betitelt). Und dieser Akt des Gedankenspielens war in ein Ritual eingebunden: Es wurde dabei zu Ehren des Gottes Dionysos Wein getrunken. Es war also eine ernste, ja feierliche Angelegenheit, denn man vergaß nicht, dass Denken etwas Göttliches ist (wird nicht Gott als „actus purus", reiner Akt, reines Denken in der klassischen Metaphysik definiert?). In dieser Welt leben die Kinder: Sie wissen nicht nur um den Spielaspekt des Denkens, sondern auch um den Ernst, sie leben spontan die Verbindung von Ernsthaftem und Spielerischem, sie beherrschen den „acte gratuit" (zweckfreies Handeln), was vielleicht Philosophieren auch ist – vielleicht ist Philosophieren darum auch so praxisbezogen (Distanz erlaubt ein besseres Handeln).

4. Wie philosophiere ich mit meinen Kindern oder Enkelkindern? Einige zusammenfassende Regeln für das Philosophieren mit Kindern

A. Die vier Regeln des Sokratischen Gesprächs

470–399 v. Chr. lebte Sokrates im Staat Athen – ein Beispiel der Demokratie. Er, der keine einzige Zeile geschrieben hat, lebt und wirkt bis in unsere Zeit – wie ersichtlich an dem Begriff „Das Sokratische Gespräch", von ihm erfunden, tagtäglich praktiziert auf der „Agora", dem großen Platz in Athen und heute wiederentdeckt. Für Sokrates war Philosophieren Dialogisieren, Gespräche führen, kurz: wie jedes Denken ein Handeln. Mit allen hat er Dialoge geführt, mit den Handwerkern auf dem Platz, mit den Sklaven, mit Jugendlichen vor allem. Kinder sind fasziniert, wenn man ihnen von Sokrates erzählt; sie fragen dann oft, ob er mit Kindern philosophiert hat. Ja, wahrscheinlich, denn diese Jugendlichen waren, für unsere Verhältnisse, Kinder! Er war der erste, der mit Kindern philosophiert hat, der „sie" ernst genommen hat, der wusste: „Sie" allein wollen noch etwas ändern, sind bereit, an sich zu arbeiten, „sie" allein haben keine Vorurteile. Sokrates hat an den Reichtum in jedem von uns geglaubt. Der „pädagogische Eros" bewegte ihn, trieb dazu, immer wieder das Wahre und das Schöne aus seinen Gesprächspartnern herauszuholen. Um dies zu erreichen, praktiziert er die Methode des Sokratischen Gesprächs. Diese Methode wurde damals nicht niedergeschrieben. 1922 wurde sie von Nelson wiederentdeckt und dann später von Gustav Heckmann als die Methode des „Sokratischen Gesprächs" systematisch aufgestellt. Er zählt vier Regeln auf, deren Einhaltung das gute Voranschreiten des Gesprächs sichert:

1. im Konkreten Fuß fassen,
2. Festhalten des gerade Erörterten,

3. Hinstreben auf Konsens,
4. Lenkung.

Diese fünf Punkte bedürfen einer kurzen Erläuterung:

1. Nicht im Theoretischen bleiben, sondern vom Einzelfall ausgehen, von einem Beispiel. Dies dürfte beim Philosophieren mit Kindern nicht schwierig sein: Kinder denken am Beispiel, gehen vom Beispiel aus. So, wenn es um Wunschbilder geht (was wäre ich gerne?). Wenn z. B. ein Kind sagt, er wäre gerne „Supermann", dann sollte zunächst das Bild „Supermann" ausgeschöpft werden (Wie sieht er aus? Was kann er? Warum Supermann? Gibt es auch Superfrauen?).
2. Festhalten des gerade Erörterten: Es wird immer eins auf das andere aufgebaut. Wie beim Bauen aus Bauklötzen muss der Stein richtig stehen, auf dem weitergebaut wird. Mit dieser zweiten Regel ist also gemeint: wenn ein Gedanke erarbeitet wurde, darf er nicht vergessen werden, muss auch von allen richtig verstanden werden. Viele Missverständnisse entstehen dadurch, dass Gesprächspartner sich untereinander nicht verstehen, das gesprochene Wort nicht verstehen oder dem Wort eine andere Bedeutung zuschreiben. So auch bei den Kindern: Es ist manchmal sinnvoll, sie zu fragen, ob sie richtig verstanden haben, ob sie die Aussage des Partners wiederholen können, denn dann erst weiß man, ob diese richtig verstanden wurde.
3. Hinstreben auf Konsens: Schon bei zwei Gesprächspartnern gilt die Regel, dass der Weg nur von einem gemeinsamen Ausgangspunkt weiterführt werden kann. Am gleichen Punkt sich befinden bedeutet: Sie müssen mit der Aussage – mindestens in dem Moment – einverstanden sein, auch wenn sie in einem weiteren Zeitpunkt widerlegt werden sollte. Wenn z. B. die Seele von der Gruppe als etwas Immaterielles angenommen wurde, so muss das weitere Argumentieren zunächst mal von dieser Definition der Seele ausgehen.

4. Lenkung: Damit ist nicht gemeint die Ausübung irgendeiner Autorität, sondern das Erkennen – von Seiten des Gesprächsleiters (hier der Erwachsene, der mit dem Kind spricht) – der Richtung des Gesprächs und die Hilfe, in diese Richtung weiter zu gehen. Dazu gehört z. B. zu erkennen, ob bestimmte Gedanken zum Thema gehören oder zu abwegig sind, ob bestimmte Umwege nötig sind oder eher vermieden werden können, ob bestimmte Probleme für das weitere Argumentieren im Wege stehen. Dazu ein Beispiel:

Kinder und Mutter sitzen zusammen und sind mit einem Thema beschäftigt. Öfters kommt Peters Bemerkung: „Die Anne (die Freundin der Schwester) ist sowieso dumm" (also können ihre Aussagen nur dumm sein). Natürlich ist bei diesem Ausgangspunkt kein weiteres Gespräch möglich. Zunächst musste geklärt werden, was dumm beziehungsweise klug bedeutet. Dabei darf natürlich die ursprüngliche Frage nicht vergessen werden.

Diese Regeln, auch wenn sie nicht das Gelingen des Gesprächs garantieren, geben doch den Rahmen, in dem sich das Gespräch frei und gerecht entwickeln kann.

Im Übrigen sind alle Mittel gut, die den Kindern helfen, weiterzudenken, ihre Gedanken klarer zu fassen: malen, tonen, singen . . .

5. Mit Kindern Gespräche führen: wo und wann? – Kinder stellen ihre Fragen unvermittelt, wo sie sich gerade befinden, manchmal im größten Straßenverkehr, z. B. auf dem Nachhause-Weg vom Kindergarten, wenn man gerade Mühe hat, das Fahrrad mit Kindersitz und Einkaufskorb über die Kreuzung zu lenken. Da gerade kommt die Frage: „Mama, glaubst du, dass es einen Gott gibt?" Und die Frage wird beharrlich wiederholt, bis man sich auch wirklich mit ihr beschäftigt.

– Sie stellen ihre Fragen am liebsten in der vertrauten Umgebung, dort wo sie sich sicher und aufgehoben fühlen: in der Küche, einem Ort des Alltäglichen, wenn die Mutter mit irgendwelchen Haushaltsarbeiten beschäftigt ist. Darum sind die Eltern nicht ersetzbar in dieser Aufgabe: Sie sind ja immer verfügbar an diesen Orten des Alltäglichen.

- Die von den Kindern gewählten Zeiten, um Fragen zu stellen, scheinen uns Erwachsenen genauso willkürlich und oft unpassend wie die Orte: meistens besonders erfüllte Zeiten, Zeiten, die die ganze Konzentration erfordern, Zeiten der ausgefüllten Tätigkeit (beim Kochen, wenn Besuch da ist . . .). Dann vermuten wir eine bösartige Absicht von Seiten der Kinder: „Warum jetzt gerade?" Doch vielleicht ist es gerade der „günstige Augenblick" (im Sinne der Griechen: Sie kannten den Begriff des „kairos", des „günstigen Augenblicks"). Unsere Stresszeiten sind Zeiten der besonderen Aufmerksamkeit, der besonderen Gegenwart; Kinder spüren es wahrscheinlich.
- Vor allem ist das „Gespräch danach" so wertvoll, wenn alles vorbei ist (der Kindergeburtstag oder irgendein anderes wichtiges Familienerlebnis), das Gespräch, in dem alles zusammengefasst wird und das Wesentliche sich herauskristallisiert.

Schließlich: womit philosophieren?

Der erlebte Alltag des Kindes kann Anlass zum Philosophieren sein, wie wir gesehen haben (der Spaziergang, der kranke Nachbar). Doch auch viele Gegenstände dieses Alltags:

- Lieblingsbücher, Kinderbücher, aber manchmal auch Bücher aus dem Bücherregal im Wohnzimmer, in denen das Kind in den ersten Jahren immer wieder geblättert hat – wie die kleine Laura, die schon früh eine Vorliebe für Japanische Holzschnitte hatte (ein Buch der Eltern – leider, denn das Buch hatte allmählich sehr unter dieser Liebe gelitten!). Doch eine solche Liebe begleitet das Kind ein Leben lang, und das ist doch wichtiger als einige nicht mehr ganz glatte Blätter!
- Filme, die das Kind momentan beschäftigen. Es können auch Walt Disneys Welt und Figuren sein, denn seine Welt spiegelt unsere moderne Welt und ihre Probleme

(Macht des Geldes: Onkel Dagobert und seine Geldgier, Kinder, die allein aufwachsen wie Donalds Neffen ... dort ist alles vertreten).

- Alle mögliche Materialien, die das Kind umgeben.
- Die vielen kleinen Gegenstände, die man aus dem Urlaub mitgenommen hat: Muscheln, die ihre Geschichte erzählen und die wir leicht in andere Erzählungen oder Gespräche einfügen können.

Unsere Aufgabe als Eltern, Großeltern, als Erwachsene, die mit einem Kind in einer engen, betreuenden, kontinuierlichen Beziehung stehen, ist eine einfache und darum eine bereichernde und beglückende für beide Teile. Dem Kind können wir schenken:

- eine wache Anwesenheit im Alltag als die Grundlage für ein philosophisches Abenteuer, das ja verunsichernd ist und darum von Wärme und Vertrauen begleitet werden will;
- unseren klaren, liebenden Verstand, der Freude hat am Durchleuchten einer Situation, um von dort aus den weiteren Weg besser gemeinsam zu erkennen;
- ein tiefes, bescheidenes Selbstwertgefühl, denn das Kind erkennt, wie sehr auch wir in diesem gemeinsamen Weg manche Reflexionen erst entdecken mit seiner Hilfe, wie sehr „kluge Gedanken" (Sokrates) immer gemeinsam geboren werden.

Nachwort

Ein Kind schaut uns an . . . wir kennen diese Blicke der Kinder, so tief, erwartungsvoll, seltsam ruhig und doch voller Spannung. Wie ein Rufen ist es . . . Wir sind gespannt, gebannt, Unbekanntes ahnend und doch etwas beunruhig oft, ja machtlos, denn wie sollte man diese Erwartung stillen? Wir spüren eine Forderung – die Macht der Kinder; und es ist wie eine Umkehrung der Verhältnisse, die der französische Philosoph Emmanuel Lévinas in seiner Analyse vom „Mitleid" beschrieben hat: Der Mitleidende – wie hier der Erwachsene – ist nur scheinbar der Stärkere, denn der Blick des Rufenden, des scheinbar Schwächeren – hier das Kind – ist doch soweit „mächtig", dass er uns fast „zwingt", uns ihm zuzuwenden. Diese Situation wird beschrieben in Peter Härtlings Kinderbuch „Ben liebt Anna", in dem es heißt, „solche Blicke sollten verboten werden!" Kinder sehen, verstehen diese Szene auf Anhieb!

Doch warum diese Angst, dieses Gefühl der Machtlosigkeit? Kinder verlangen von uns keine Leistung, keine besondere Erkenntnisse, keine „klugen Gedanken", würde Sokrates sagen, sondern eine beständige, wache Präsenz, ein „Da-Sein" mit all unseren Fähigkeiten. Denn, so erklärt es Sokrates, der Philosoph (und in dem Fall wir alle, die bereit sind, die ausgestreckte Hand eines Kindes zu nehmen, um mit ihm zu gehen) ist wie ein „Geburtshelfer": Wie die Hebamme (Sokrates denkt an seine Mutter, eine bekannte Hebamme im damaligen Athen), die kein Kind auf die Welt bringt, sondern Anderen hilft, ein Kind zu gebären, so besitzt der Philosoph (Eltern, Erzieher . . .) keine „klugen Gedanken", sondern er hilft dem Kind durch sein klares Denken, seine Erfahrung, das zu „gebären", was schon in ihm ist. Der rufende, auch fordernde und doch ruhige Blick der Kinder ist also nicht Machtausübung, sondern will uns eher Mut geben, damit wir nicht zögern, uns mit ihnen auf den Weg zu machen.

„Reisen heißt mehr leben", sagt ein arabisches Sprichwort, „mehr leben" hier im eigentlichen Sinne, denn es bedeutet die Bereicherung um all das innere Leben des in uns schlummernden Wissens.

So können wir uns ganz hingeben dieser Reise nach innen, die – und das ist das Besondere am Philosophieren mit den eigenen Kindern – ein nie endendes Gespräch ist. Es gibt Zeiten, in denen das größere Kind und später der Jugendliche gerne wieder Bücher aus der Kleinkinderzeit in die Hand nimmt, nostalgisch darin blättert und sich erinnert. Es können auch irgendwelche Gegenstände sein – wie das kleine Mädchen und ihr Lieblingsbuch mit Medor, dem Hund, der die Sonne aufgehen ließ, oder ein altes Spielzeug. Frühere Gespräche, Gedanken werden erinnert und weitergedacht. Ein nie endendes Gespräch! Darum ist das Philosophieren mit den eigenen Kindern so spannend: Es ist ein fortwährendes Gespräch, das sich erst in der Kontinuität des ganzen Lebens entwickeln kann . . . mit mehr oder weniger langen Pausen dazwischen.

Leila ist nun viel älter geworden (vierundzwanzig, eine junge Frau!) Wie in alten Zeiten haben sich die Geschwister versammelt, halb liegend auf Couch und Sessel, die Mutter ist mit irgendeiner Handarbeit beschäftigt – „wie früher" . . . Leila erinnert sich . . . (davor wurden einige Fotoalben, Kinderbücher aufgeschlagen):

– *„Wir haben immer noch nicht die Colombine aus Brotteig gebacken, Mama! Das wollten wir immer, um zu wissen, wie sie schmeckt!"*

Ganz überrascht weiß die Mutter zunächst nicht, wie sie reagieren soll, die Geschichte hatte sie schon fast vergessen (manchmal sind die Kinder ein lebendes Gedächtnis, kennen die Geschichte der Eltern besser als diese selber)! Leilas

Äußerung nimmt auf eine sehr frühe Kindergeschichte bezug, die Mutter erinnert sich dann, spürt diese Kontinuität und antwortet sehr gerührt, so selbstverständlich wie immer:

- *„Du hast recht! Wir müssen sie noch backen, um zu sehen, wie sie schmeckt!"*
- *„Wahrscheinlich ‚schmeckt' sie nicht mehr, wie sie früher geschmeckt hätte", meint die jüngste Schwester (natürlich auch schon älter).*

Dieses Gespräch bezieht sich auf das so poetische schöne Kinderbuch „Pierrot oder die Geheimnisse der Nacht" des Autors Michel Tournier, der von sich sagt, er schreibe für Erwachsene, und, in besonderen „Gnaden-Augenblicken" „könne er auch" für Kinder schreiben! Leila liebte dieses Buch, vor allem das letzte Bild, in dem die zwei Freunde und Colombine eine Colombine aus Brotteig essen, um sie zu erkennen. In dieser Erzählung geht es um das Ich und den Anderen, um Selbsterkenntnis und Erkenntnis durch den Anderen. Für Leila war dieser Prozess noch nicht zu Ende „gebacken", „gedacht" oder „backend gedacht"! Und ein Gedanke ist nie zu Ende gedacht, da wir doch alle denkend unterwegs sind – auf der Reise und auf der Reise unterwegs zum eigenen Ich.

Schließlich hatte Leila damit allen bewusst gemacht, dass Denken ein „Tun" ist, ein Handeln, ein Spiel, etwas Theatralisches (das gemeinsame Backen der Colombine / Erkennen als ein neues Erschaffen). Um sich und die Welt zu erkennen, müssen sie das alte Weltspiel immer wieder aufs Neue „durchspielen". Und zu diesem Spiel sind wir eingeladen als ein wichtiger Akteur!

Literaturhinweise

Es sollen hier einige Werke genannt und kurz besprochen werden, die in diesem Buch erwähnt sind oder die für die Eltern interessant sein können, sei es, dass sie ihnen ein vertieftes Wissen über Philosophie vermitteln oder dass sie andere Zugänge zum Philosophieren mit Kindern anbieten. Zuletzt werden auch noch einige Kinderbücher aufgeführt, die im Buch erwähnt und vielleicht nicht so bekannt sind und zum Philosophieren mit Kindern anregen.

I. Allgemeine Literatur zur Philosophie:

- Weischedel, Wilhelm: Die philosophische Hintertreppe, DTV 1973
  Eine spannende, klare Präsentation der wichtigsten Philosophen des Abendlandes. Sachlich richtig; liest sich leicht.

- Atlas zur Philosophie, DTV
  Schematische Darstellung verschiedener philosophischer Systeme. Für Sie informativ, klar und brauchbar für das Philosophieren mit Kindern: Einige Zeichnungen können so übernommen, andere müssen verändert werden.

- Jaspers, Karl: Einführung in die Philosophie, Piper, 23. Aufl. 2001.

- Freese, Hans-Ludwig: Gedankenreisen (RoRoRo):
  Eine anregende Sammlung von philosophischen Texten, thematisch gegliedert, nicht nur aus dem europäischen Gedankengut, sondern aus der orientalischen, afrikanischen Welt.

Nachschlagewerke:

Die Mythologie der Griechen: Es ist wichtig, sich mit den alten Mythen bekannt machen, um sie dann genau erzählen zu können. Besonders erzählt von Michael Kohlhammer, der in der Tradition des alten Erzählstils die Welt des Mythen für uns entstehen lässt.

II. Literatur zum Philosophieren mit Kindern:

- Freese, Hans-Ludwig: Kinder sind Philosophen (Quadriga Verlag Berlin 5. Auflage 1994).
  Eine Reflexion über das Philosophieren mit Kindern und einige praktische Beispiele.

- Zoller, Eva : Die kleinen Philosophen (Verlag Herder)
  Ein schönes Buch mit vielen praktischen Hinweisen.

III. Kinderliteratur:

A. Erzählungen zum Vorlesen:

– Alle Märchen – sowohl Grimms wie auch Andersens Märchen – die letzteren ganz speziell: Sie sind dem Kunstmärchen nahe und kreisen deutlich um bestimmte Themen: „Die Schneekönigin" und das Problem des Bösen, „Die kleine Seejungfrau" und die Themen der Seele, der Unsterblichkeit und natürlich der Liebe. Die Kinder „sehen" sofort das Wesentliche und wir müssen nur noch mit ihnen „gehen". Die Ausgaben sind zahlreich! Auf die Illustrationen sollte gut geachtet werden. Manchmal sind dezente Zeichnungen sinnvoller, die die Phantasie der Kinder nicht zu sehr einschränken, doch sind kunstvolle Illustrationen nicht zu verachten, denn sie können in ganz neuer Gespräche über das Schöne, über innere Gedanken und visuelle Gedanken anregen.

Zum Vorlesen auch: Erzählungen und Geschichten wie:

- „Dichter Europas erzählen Kindern", DTV
  Ein multikulturelles Erlebnis! Ob ein Michel Butor er-

zählt („Die kleinen Spiegel“) oder David Henry Wilson, „Der Elephant auf Papas Auto“, welch ein Unterschied!

- Bichsel, Peter: Kindergeschichten (Luchterhand 1974)

- Schubiger, Jürg: Als die Welt noch jung war (Weinheim und Basel: Beltz und Gelberg 1995)

- Kilian, Susanne: Kinderkram (Beltz 1987)

B. Kinderbücher:

Da herrscht kein Mangel und jede Familie hat ihre „Lieblingskinderbücher“. Darum hier einige bekannte traditionelle Kinderbuchautoren, damit sie nicht in Vergessenheit geraten; auch weil sie davor erwähnt sind und viele Themen in einem phantasievollen Rahmen ansprechen.

- J. M. Barrie : „Peter Pan“, meistens in zwei Teilen: Der erste Teil ist die eigentliche ursprüngliche Geschichte Peter Pans im Kengsington Garden in London; der zweite Teil eine Fortsetzung von Barries Geschichte. Die modernen Versionen wie Walt Disneys Film „Peter Pan“ oder der im Buch erwähnte Film „Hook“ beziehen sich auf beide Teile. Der erste Teil ist sicher der poetischste und dem Kleinkind am nächsten; er, vor allem, gehört zu der traditionellen Kinderliteratur. Viele Themen werden hier angesprochen. Neben der Welt der Phantasie die Themen der Kindheit und des Nicht-Erwachsen-Werden-Wollens (Kindheit als eine Welt an-sich), der Eifersucht und vielleicht der Individualität (Peter Pan kehrt nicht mehr zu seiner Mutter zurück, weil diese sich anscheinend mit einem neuen Kind über den Verlust Peter Pans schnell hinweggetröstet hat . . .). Ausgehend vom zweiten Teil gesellschaftliche Themen wie die Bedeutung eines „Chefs“ / was ist Freiheit?
- Ende, Michael : Die unendliche Geschichte (Thienemanns Stuttgart 1979)

- Ende, Michael: Momo (das Thema der Zeit, der Gesellschaft, des Geldes)

- Lionni, Leo : Frederik (Middelhauve 1988): Thema der Kunst, des Künstlers, der Werte, Arbeit und Kunst, Fiktion, Magie der Wörter. Andere Bücher von Lionni:
  „Das größte Haus der Welt": seine Grenzen erkennen und akzeptieren.
  „Swimmy": der Einzelne in der Gesellschaft

- Härtling, Peter: Ben liebt Anna (Beltz 1979): Ein wunderschönes Buch über Freundschaft oder eher Liebe, über die Tiefe des Mitleids, die Kraft des Schwächeren. Kinder sind fasziniert von dieser Geschichte. Es gibt sie auch als Hörspiel auf Kassette.

- Sendak, M.: Wo die wilden Kerle wohnen . . . (Diogenes 1967):
  Über die Macht der Phantasie, das Ausleben von Wünschen . . . ein bekanntes Kinderbuch. Alle anderen Kinderbücher von dem gleichen Autor sind spannend wie z. B. „Als Papa fort war . . ."

Gerlinde Unverzagt
Kinder, vertragt euch doch!
Warum Geschwister nicht nur friedlich sein können
Band 5088

Raushalten oder einmischen, wenn Geschwister Zoff miteinander haben? Die Autorin, Mutter von vier Kindern, entwickelt praktikable und erfolgreiche Leitlinien und Grundsätze wie man sich akzeptieren, streiten – und vertragen kann.

Claudia Wulff
Mit Kindern die Geheimnisse der Nacht erkunden
Band 5130

Die Autorin verbindet das Wissen um natürliche Zusammenhänge mit der Achtung vor der Schöpfung. Geschichten und einfache Aktionen für Eltern und Kinder ab 5.

Renate Zimmer
Was Kinder stark macht
Fähigkeiten entwickeln – Entwicklung fördern
Band 4976

Die Autorin zeigt, wie sich aus alltäglichen Aktivitäten mit Kindern im Vorschulalter Sinnes- und Bewegungsspiele machen lassen, die Kindern Spaß machen und weiterhelfen.

Eva Zoller
Die kleinen Philosophen
Vom Umgang mit „schwierigen" Kinderfragen
Band 4994

Typische Kinderfragen können einem häufig die Sprache verschlagen. Neue Möglichkeiten für die „Großen", ihren „Kleinen" zu begegnen.

Eva Zoller Morf
Philosophische Reise
Mit Kindern auf der Suche nach Lebensfreude und Sinn
Band 4871

„Haben Engel auch Ferien?" Wer sich mit Kindern auf eine philosophische Reise begibt, kann auch für sich selbst viel Neues erfahren.

HERDER spektrum